かかわりづくりワークショップ

ワークショップ

（緊張と不安が **すー**っと消える
入学オリエンテーション）

大谷哲弘・粕谷貴志

図書文化

まえがき

　私が「かかわりづくりワークショップ」のプログラム作成に取り組んだのは，高等学校での教員経験や教育機関での研修企画運営の経験の中で，現場の声を生かしただれもが安心して取り組める活動の必要性を感じたことがきっかけでした。

　新任教員として着任した高等学校で，不登校や中途退学者が年間10名を超える状況に出合った私は，入学時の適応支援の必要性を感じました。そこで私は，オリエンテーションに関係づくりのプログラムを取り入れることを職員会議で提案し，合意を得ることができました。午前中のガイダンス後，午後には構成的グループエンカウンターなどのグループアプローチを専門とする大学教員の支援を受け，外部講師によるワークショップを実施しました。講師の方々は，自己開示を伴う活動が多い約8時間のプログラムの中で，配慮が必要な生徒の予期しない行動に適切に対応したり，集団の状態を見立てながらプログラムを大きく変更して実施したりと，その高い専門性で対応されていたのが印象的でした。

　翌年のワークショップも外部講師による実施を予定していましたが，4人必要な外部講師が1人しか見つからず，私が2クラス合同で約70名を対象にリーダーを行わざるをえない状況になりました。午前中のガイダンスでは，教員の指導を受け入れたくなさそうな生徒が数名固まり気だるい雰囲気をつくっていて，午後の活動の難航を予感させました。この年は，使用場所の関係で入学式から5日後の実施でしたが，その後学んでいく中で，この生徒たちの様子は「不安による結びつき」であり，その予防にはなるべく入学式後すぐにワークショップを実施したほうがよいことを理解しました。

　プログラムや進行の仕方は，前年度のものを踏襲しました。グルーピングは，身振り手振りで自分の誕生日を伝え合い1月1日から順番に並ぶ「誕生日チェーン」により，列の前後でペアになる方法をとりました。しかし，これは偶発的な2人組のため，事前に把握した10名以上もの配慮が必要な生徒がどこにいったか見失うことになってしまいました。

　相手を信頼して後ろ向きに倒れる「トラストフォール」では，やんちゃに見える2人組の1人がスリルを味わうかのように思いきり倒れ，支える側もどれだけ床に近いところでキャッチできるかを試しているようでした。「危ないからここまでにしよう」と介入しても，当時の私は制止しきれませんでした。私は「うまくいかないな」という不全感を抱えながらワークを進め，援助に入った先生からも，「最後までやりきらないと，この1年やりにくくなるよ」と叱咤されながらなんとかやり切りました。

　この経験から，偶発的なグルーピングは，配慮が必要な生徒を見失ってしまったり，予期しない組み合わせができたりすることがあるため，事前のグルーピングの必要性を感じました。さらに，生徒の実態に応じたプログラム，実施時期，ワークショップ遂行上の支援体制などについても，ていねいに考えるようになりました。

　その後の教育機関在職中，私は教員対象の研修講座を企画運営する立場になり，グループワーク・トレーニングを専門とする大学教員を招聘し，研修を実施しました。ワークを

台本どおりに展開するだけでなく，時には参加者に「もっと上手にグループワークをするにはどうしたらよいか」と対決的な姿勢で問いかけたりするなど，柔軟な活動や対応がなされていました。こうした先生方に講師の介入やプログラム変更の意図を伺うと，参加者の状態を見立てた対応を行っていることがわかり，その専門性に圧倒されたものでした。

　私が出会ってきた多くの専門家に共通する点は，「参加者の状態を見立て，高い専門性で臨機応変に，プログラムを再構成して対応すること」だと思います。私自身も実践者としてその専門性に近づきたいと考え，構成的グループエンカウンターをはじめとする数種類のグループアプローチやソーシャルスキル・トレーニングを習得するために，体験合宿や学会，協会主催の研修に参加したり，自分のクラスや依頼を受けた学校で実施し，指導を受けたりしながら研鑽を重ねてきました。

　この間，ある高校で外部講師が実施したワークショップによる高校生活への効果を調査した結果，効果がみられる期間は概ね1カ月でした（→12ページ）。このとき学校長から，「継続的な支援のためにも，教員が実施できるようにしてほしい」という話があり，教員が実施できる工夫を本格的に考えるようになりました。この学校では外部講師による実施を3年間見学できたので，教員間でイメージの共有がしやすく，外部講師から自校の教員によるワークショップの実施へ，比較的スムーズに移行が進みました。

　いっぽう，教育機関在職中に，多数の高等学校でワークショップの実施を支援する中で，現場の教員が，多忙な校務の中で職人技ともいえるグループアプローチの専門性を身につけるのは，時間的・経済的に無理があり，根本的な発想の転換が必要だと考えるようになりました。そこで，実施依頼があった高等学校から，実施する際の不安を聴き取りました。あげられた不安（→14ページ）をニーズとしてとらえ，教員が「安心して，安全に」ワークショップを実施でき，生徒にとっても「安心して，安全に」参加でき，かつ「有効な」支援となる工夫を考えました。そして，20年近くにわたり積み重ねてきた実践の中で見つかった課題を生かし，試行錯誤しながら見いだしてきたものを，現場の先生方に具体的な形で提供するマニュアル的な位置づけとして作成したものが本書の「かかわりづくりワークショップ」です。

　本ワークショップは，現場の教員と生徒の現状と声をもとにニーズに応えることを大切にしながら，入学時の適応支援を十分達成するための手だてとしてさまざまな理論やワークを組み合わせています。なかには，各理論やワークの本来の目的や方法とは異なる点もありますが，もちろん各グループアプローチを否定するものではありません。それぞれの理論的な体系と技法は対人援助の技法として大変優れており，そのうえに，本ワークショップは成り立っています。

　読者の先生方には，高校入学当初の生徒同士のかかわりのきっかけづくりとして，本ワークショップを実践していただけますと幸いです。

2020年3月　大谷哲弘

Contents

第3章　ここがポイント！　ワークの進め方

第4章　組織で取り組むための計画と手順

かかわりづくりワークショップの目的

「公的なかかわり」と「私的なかかわり」

　みなさんは，職場の同僚や上司とどのくらい親密な，あるいは濃密な関係を築いていますか？　多くの方は，「そんなことは考えたこともない」「いやいや，仕事とプライベートは分けておきたいし……」と考えているのではないでしょうか。仕事をするうえで良好な人間関係は重要ですが，そこは「公的なかかわりの中での」という条件がつくでしょう。

　ところが，高等学校に入学する時点で，比較的多くの生徒が，「みんな仲よく」という価値観をもっています。このこと自体は，100％間違っているというわけではありません。子どもが成長する過程で，リアルな対人関係を通して場と対象に応じた人間関係を結ぶ経験が不足している中にあって，思春期に入っても，この価値観にしばられてしまっているのが問題なのです。

　幼少期に「みんな仲よく」を刷り込まれた子どもたちは成長してもなお，本来は公的なかかわり程度でもよい関係にまで，仲よくならないといけないと思い込んでしまっているのです。

　このことについて，高校入学時に，「人間関係は深い理解をしなくていいんですよ」と「公的なかかわり」を体験させ，「それでいい」と生徒に理解させることが，かかわりづくりワークショップのねらいだともいえるでしょう（→59ページ）。

　これは，生徒の人間関係について「他人か友人かの二項対立」を推奨するわけではなく，かといって「表層的なつき合い方」を推奨するわけでもありません。学校生活の最初に，生徒たちに「公的なかかわり」を体験させて，公的なかかわりができるようになる過程の第一歩にすること。これが本ワークショップの目的です。

　このワークショップで得た学びを生かし，その先の３年間という高校生活の中で，ちょっと苦手だなと思うクラスメートでも，学習活動や係活動，委員会活動で一緒になったときには，「公的なかかわり」ができることが重要なのです。

　そして，仲のよい友人とは「私的なかかわり」を通して，互いに支え合いながら，自分と他者について，理解を深めていくことになるでしょう。

　このように，「公的なかかわり」のクラスメートたちと，「私的なかかわり」のできる友人との関係を自由に行き来できるようになることを，社会に出る前に経験させたいと考えています。

本書の読み方

　本書は，入学当初の生徒同士の関係づくりとして，「かかわりづくりワークショップ」
を実施していただくために編集されたもので，次のように構成されています。

> 序　章　かかわりづくりワークショップダイジェスト
> 第1章　かかわりづくりワークショップとは
> 第2章　実態に合った プログラムのつくり方
> 第3章　ここがポイント！ ワークの進め方
> 第4章　組織で取り組むための計画と手順

■序　章　かかわりづくりワークショップダイジェスト

　本書のポイントを凝縮しました。本ワークショップの必要性と概要のほか，具体的な内
容がわかるように，実践事例を詳しく紹介します。

■第1章　かかわりづくりワークショップとは

　①生徒の現状と課題の理解，②本ワークショップのねらいと効果，③ワークショップを
支える理論的背景，という三つを柱に解説します。

■第2章　実態に合った プログラムのつくり方

　各学校の生徒の実態や学校体制の状況に応じた，プログラムの作成のポイントと具体的
な作成の仕方・選び方について説明します。また，実践校（6事例）が，新入生オリエン
テーションで本ワークショップを計画・実施した際の概要もあわせて紹介します。生徒の
実態や実施条件に合うワークショップを検討する参考にしてください。

■第3章　ここがポイント！ ワークの進め方

　実際の活動（ワーク）を生徒の実態に応じてどう展開するか，ワークをイメージしやす
いように展開例（シナリオ）を掲載し，生徒の実態に応じた展開の工夫を示しました。グ
ループで生徒同士をかかわらせるワークにはなじみのない先生にも，実施のイメージをも
ってもらえると思います。また，ワークの展開のポイントを解説していますので，生徒の
実態や実施形態，目的に合ったワークを見つけてください。

■第4章　組織で取り組むための計画と手順

　実際に学校で，本ワークショップを提案して実施するまでのロードマップを示しました。
具体的には，①導入から実施までの手順，②実施に向けた校内研修の内容と進め方，③実
施後の指導と実践の振り返りの方法の三つについて解説します。「本書を読んで，かかわ
りづくりワークショップの大切さはわかったが，自分の学校で導入するにはどうすればよ
いのか」と思われた先生は，本章を参考に，ぜひ学校で提案していただければと思います。

序章

かかわりづくり
ワークショップ
ダイジェスト

発達段階による人間関係形成のプロセスからみた
かかわりづくりワークショップの意義

　ここでは，乳幼児期から高校生にいたる人間関係形成のプロセスとそれぞれの時期の課題を概観し，高校入学時に本ワークショップを実施する意義についてみていきます。

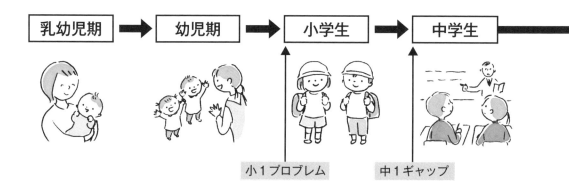

　人間関係形成のプロセスにおいて，ターニングポイントとなる時期が3回あります。1回目は，小学校入学時です。それまでに，保護者との安定的な関係や同年代との遊びから関係性の発達が促されなかった場合，入学後，集団の中でうまく関係をもつことができず不適応状態に陥ります。これが「**小1プロブレム**」の背景にあると考えられます。

　思春期には，お互いに価値観にふれたり思いや考えを伝え合ったりしながら自己を形成していきます。この時期に，肯定的な自己を見いだすことができず自信を失ったり，他者との関係に信頼感がもてなかったりすると，集団や社会から退却する形で不登校の問題が現れる場合があります。これが「**中1ギャップ**」の背景にあると考えられます。この不登校などの不適応問題は，小学校段階での発達のつまずきが積み重なったものであり，小学生のころから不適応の問題が現れていることが多いと指摘されています。

　中学生は，「自分とは何か？」について考えはじめ，多くの人とのかかわりの中で，「自分が自分であるという肯定的な感覚」を模索する時期に入っていきます。このときに，乳幼児期からの親との関係や，学童期，思春期に経験した仲間との関係の中で育まれた自他への信頼感や自己についてのとらえが，他者との関係性や自己形成に大きく影響します。他者との関係も，自分の存在も信頼できる生徒は，人間関係の中に居場所をもち，相互作用の中で自己を確立していきます。しかし，そうでない場合は，否定的な自己をもち，他者との関係性に困難を抱えるようになります。ゲームなどのバーチャルな関係に依存し引きこもっていく場合や，非行仲間との対等で率直な関係にのめり込み，問題行動につながっていくケースもあります。↗

「人とかかわるのは，そんなに悪くないな」
入学早々，人間関係の苦手な生徒がそう思えることが肝心です。

　そのために有効なのが，生徒の不安や緊張を軽減し，人とかかわるきっかけづくりを目的として入学時に行う「**かかわりづくりワークショップ**」です。教員にとっては，早期に生徒の実態を把握できたり，指導が入りやすくなったりするなど，生徒と教員間の早期の人間関係づくりにもなります。本ワークショップは，「かかわりづくり」に「ソーシャルスキルトレーニング」を取り入れるシンプル構成。どなたでも「安心して，安全に」そして効率よく実践できます。ぜひ，あなたの高等学校で実施してください！

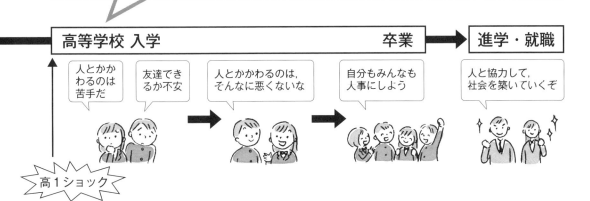

　三つ目のターニングポイントが高校入学時です。この時期は，中高一貫校等の一部を除けば，それまでの人間関係に大きな変化が生じます（熊谷，2011）。小学校から中学校移行時に比べ，成績による輪切りや学区域の広域化により，従来と違う友人関係を一からつくり直さなければなりません（吉原・藤生，2005）。したがって，入学前の予想と入学後の実際の印象や経験との間にズレが生じ，「**高１ショック**」と呼ぶべき状況に陥る可能性があります。

　そして，乳幼児期からいまにいたる経緯で，自他への信頼がもてず，「人とかかわることは面倒」と考えてしまっていたり，ソーシャルスキルを誤学習したりしている生徒にとっては，**高校時代が人間関係を再構築し，ソーシャルスキルを再度学習するラストチャンス**かもしれません。進学先や就職先でもそのチャンスはあるでしょう。しかし，高校での教員と生徒との関係ほど近くはなく，細かな支援が届きにくいと思われます。

　また，「新しい環境に適応するとともに他者との望ましい関係を構築する」「新たな環境の中で自らの役割を自覚し，積極的に役割を果たす」（文部科学省，2011）等，高校生のキャリア発達においても人間関係は重要です。そのため，教員が生徒の人間関係づくりを支援することは，キャリアの視点からも意義があります。

　生徒の不安や緊張をほぐしながら「公的なかかわり」を体験させる本ワークショップの実施は，入学時の生徒の適応支援になるとともに，その後の３年間で生徒たちに身につけさせたい「社会に適応できる人間関係力」の基礎になると考えます。

かかわりづくりワークショップで オリエンテーションはこう変わる！

いまのオリエンテーションの何が課題か

生徒の自発的な交流に任せている課題

高校入学直後のオリエンテーションは，多くの学校でガイダンスを中心としたものが実施され，そのうえで関係づくりを目的とした合宿や外部講師によるグループアプローチが行われています。合宿の中では，ハイキングやバーベキューなどを通して，かかわりのきっかけづくりを行っています。しかしこれは，時間と場所を保障してはいるものの，交流に関しては生徒の自発性・自主性に依存していると考えられます。

適応的な生徒はより適応的になる一方，配慮が必要な生徒，かかわることが苦手な生徒が，周囲に出来上がっていく人間関係から取り残される可能性があります。また，不安や緊張を軽減せずに行われると，フラットな人間関係よりも不安な者同士による結びつきが生じることも考えられます。

外部講師によるグループアプローチの課題

これまで，グループアプローチの実践報告の多くは外部講師によるものでした。グループアプローチを遂行するには，生徒全体と配慮が必要な生徒の参加状況を見立てながら集団を動かす専門性や，臨機応変にプログラムを変更できる力量が求められている（品田，1996）ことから，教員一人で行うにはむずかしさがあったからです。

しかし，私たちの実践と調査の結果，外部講師による実践の効果は概ね1カ月までであることがわかりました（Table 1）。これはグループアプローチがイベント的に行われ，外部講師では継続的な支援ができないことによる影響（デメリット）の表れといえるでしょう。また，外部講師と担当者との打ち合わせが十分にできない場合，生徒のアセスメントが不十分になる可能性があり，結果

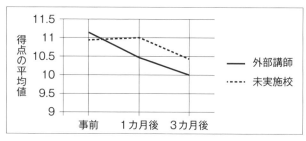

Table 1　外部講師による実施校と未実施校の「入学不安」の推移　→169ページ

として対応の重要なポイントが抜けてしまう可能性が考えられます。

現場からは，「かかわることが苦手な生徒，自己肯定感が低い生徒が多い中，言葉を使ったワーク中心で行うことはむずかしかった」など，生徒の実態とプログラムとのズレを指摘する声も聞こえてきました。

オリエンテーションはこう変わる！

　私たちが提案する本ワークショップの目標は，①学校生活への不安を低下させる，②生徒同士のかかわりを育てる，③居心地のよさの感覚を高める，④集団生活に必要なソーシャルスキルを共有させる，の四つです。この目標を達成するために，オリエンテーションそのものが変わります。

生徒の自発性に任せた交流から，教員が仕組んだ交流へ

　本ワークショップによって教員が生徒同士の交流を仕組むことで，配慮が必要な生徒，小規模校から進学した生徒，積極的な交流が苦手な生徒などを含むすべての生徒を，無理なく自然に新しいクラスに溶け込ませることができます。さらに，教員が生徒の実態に応じて，プログラムや各ワークの展開をていねいに考え，工夫することで，ワークショップの「安心・安全」が高まっていきます。

実施を外部講師から教員自身へ

　本ワークショップでは，教員間で役割分担をします（T1：ワークの進行，T2：生徒の支援，物品の配布等→20ページ）。これにより，生徒のことをわかっている教員が行うことで，プログラムやワークを生徒の実態に最適化することが可能になります。生徒同士だけでなく，教員と生徒との関係づくりにも効果を上げています。例えば，「学校への期待感」（項目例「この学校の生徒であることがうれしい」）は，未実施校は３カ月後に大きく下げている中，実施校は維持し続けています（Table2）。

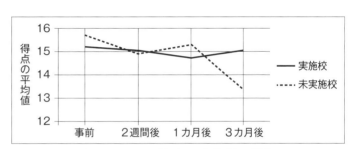

Table2　実施校と未実施校の「学校への期待感」の推移
→ 169 ページ

教員が行うかかわりづくりワークショップの特徴

　本ワークショップの大きな特徴は，安心・安全に取り組めることです。生徒の緊張・不安を軽減させるワークや，自己開示をしなくてもできるワークを多く取り入れるなど，かかわりが苦手な生徒も無理なく取り組めます。また，グループアプローチを実施する際の教員の不安に対応した工夫を施していますので，教員も安心して実施できます。

　教員自身でワークショップを運営するための基本的な考え方は，以下のとおりです。

生徒の実態，物理的条件，教員の役割を見立てる

　生徒の実態に応じたグループアプローチの展開について，これまで多くの報告がなされてきました（例：品田 2004，大谷・粕谷 2014）。本ワークショップでは，生徒の実態，T1（進行の要）ができそうな教員数とグループアプローチを遂行する力量を見立て，ワークショップを遂行できるように比較的短時間の研修を行います。校内体制を見立てるこ

とも重要です。例えば，T1 をフォローする T2 の必要人数，実施当日の時間割変更の可否，体制づくり，日程や場所の設定などがあげられます。

　教員が T1 としてワークショップを行うことは，生徒が新しい環境へスムーズに移行するうえで，実施後にフォローがしやすいという利点があります。しかし，いざ実践するとなると，教員は多忙で時間がなく，その専門性を身につけるための研修時間を確保することがむずかしいのが現状です。グループアプローチを実施するときの不安を自由記述で調査した結果，次の五つのカテゴリーにまとめられました。

①生徒への介入の不安（例：予想外の生徒の反応等への臨機応変な対応への不安）

②リーダーシップへの不安（例：教示をうまくできるかなど）

③展開についての不安（例：内容がイメージできないなど）

④グルーピングの不安（例：グルーピングがむずかしそうなど）

⑤事前準備の不安（例：プログラムの組立てなど）

　教員がワークショップを遂行するため，不安に対応する四つのポイントがあります。

1　教員の役割を明確にする

　教員 1 人で活動の遂行と配慮が必要な生徒への支援を行うことは困難なため，T1 はワークの進行，T2 は生徒の支援や物品の配布，などと役割分担をします（→ 20 ページ）。

2　セリフを用意する

　教員は授業のプロです。活動の目標とコツがわかれば，専門的な研修を行わなくてもできると考え，本書では各ワークのセリフを用意しました（→第 3 章）。T1 を担当する教員は，事前に自分の言葉で言えるようにしておくと，安心して進行役を担うことができます。

3　グルーピングを事前に行う

　同じグループに配慮が必要な生徒が複数いると，対応は困難になります。教員がワークを進行しながら，配慮が必要な生徒を考えてグルーピングを行うことは大変むずかしいものです。そこで本ワークショップでは，出身校や配慮が必要な生徒の情報をもとに，事前にグルーピングを行います（→ 86 ページ）。

4　ワーク自体は簡単にして「枠」をつくる

　ワーク自体は教員，生徒ともに負担のないように，遊びの要素を含ませて行うようにし，その分，「枠」をつくることを徹底します（→ 46 ページ）。また，河村（2001）を参考に，ワークにソーシャルスキル・トレーニングの要素を取り入れました。本ワークショップでは，あいさつ，「聴く・話す」のスキル，「どうぞ」「ありがとう」の言葉遣い等，ソーシャルスキルの要素を徹底的に反復して行います。これには，人とかかわるときのルールを確認しながら，対人関係上の不安を喚起しないという意図があります。これらが徹底できないと表面的な活動になり，本来の目的から離れてしまいます。

――こうした教員が実施できる仕組みづくりにより，交流を生徒の自発性・自主性に依存することなく，グループアプローチを外部の講師に依存することなくワークショップを遂行することで，オリエンテーションはより有意義なものへと変貌するのです。

かかわりづくりワークショップにおける生徒の反応

　教員が実践した本ワークショップの結果について，生徒が記述した振り返りシートの内容を検討しました。

　質問1：「自分のことをどれくらい話すことができましたか？」（自己開示）

　質問2：「活動してみて，友達との心の距離は近づきましたか？」（心理的距離）

　質問3：「学級での不安感はやる前よりはなくなりましたか？」（不安感の軽減）

　以上の3点について，自由記述で記入してもらい，その内容について，肯定的評価と否定的評価に分類したものを，前年度に実施した外部講師のときと翌年に教員が実施したときのものを比較しました（Table3）。その結果，肯定的評価は外部講師と変わらず出現し，否定的評価は前年度に外部講師が行ったときよりも，教員が行ったときの出現が著しく減少しました。もちろん，これをもって外部講師を否定するものではありません。ただ，専門的なスキルが必要といわれたグループアプローチにおいても，教員が安全に行うための工夫をすれば，一定の効果が得られるということはいえそうです。

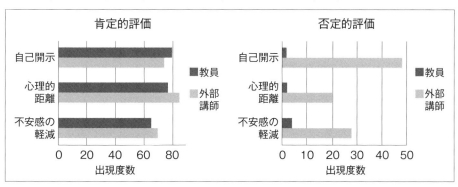

Table3　生徒の振り返りによる肯定的評価・否定的評価　→169ページ

　生徒の声を整理すると，本ワークショップのねらいである，①学校生活への不安を低下させる，②生徒同士のかかわりを育てる，③居心地のよさの感覚を高める，④集団生活に必要なソーシャルスキルを共有させるの中で，①②③に関する感想が多くみられました。「最初はすごく緊張したけど，活動をしたり，話をしたりして緊張もしなくなって，他の学校出身の人とも話ができるようになった」というものです。この結果，「今日一日を通して，初めて会ったときとは違う印象だった。思っていたよりもみんな話しやすくて，新たな一面をみることができた」というように，クラスメートへの印象がよい方向に変わり，安心感につながっていることがうかがえます。このほか，ワークを通して自分自身の変化に関する感想，学校生活への意欲，教員との関係についての感想も多くあがっています（→30ページ）。こうした感想から，教員がT1，T2としてかかわることによって，生徒と教員との関係がつくられていることもわかります。

　オリエンテーションが変わることで，グループ学習が活発になったり，教員の指示がとおりやすくなったりと，その後の授業や学校生活の質が変わっていくのです。

かかわりづくりワークショップ Q&A

Q1　初めてだけど，できますか？

A　できます！

　本ワークショップには，生徒の心や身体に負担を与える内容はありません。また，先生方が「安心・安全」に行えるように，さまざまな工夫を施しています。本書を読み込んでいただき，進行の仕方をつかみ，第3章の展開例を参考に実施してください。

Q2　いつ行えばよいのでしょう？

A　ベストは入学式の翌日です

　入学時の生徒は不安を感じています。その不安を軽くするために，だれかと結びつきたくなります。不安による結びつきは，不安定で閉鎖的なものになりがちです。入学早期の実施は，この結びつきを防ぎ，建設的な人間関係づくりのきっかけになります。

Q3　だれが行うのですか？

A　T1（進行役），T2（支援役）をはじめ，教員が行います

　ベストは，担任がT1（ワークの進行役）として各学級単位で行うことです。初めてでもうまくいくようにT2（生徒の支援，物品の配布等）を配置します。それにより学級単位でも，学年全体でも行うことができます。

　また，準備は担当者や，計画全体の見通しをもつ教員が行います。ワークに必要な準備物のリスト作成や実際の準備は，担任以外の教員が分担するなど，学校体制で取り組みましょう。

　なお，「最初から学校・学年の協力体制をつくって行うのは，ハードルが高い」という先生向けに，教員が個人的にクラス単位で行う方法についても説明しています（→第2章第2節）。

Q4　行う場所はどこがよいのでしょう？

A　プログラムによってどこでもできます

　新学期なので，他学年との関係で，教室，特別教室，体育館等，どこが使えるかを確認します。使える場所に応じて，プログラムを選びます（→第2章）。

Q5　プログラムの作成が大変なのでは？

A　ひな形があるのでむずかしくありません

　プログラムを作成するための視点とプログラム例，さらにプログラムのアレンジの仕方も掲載していますので，生徒の実態や場所，確保可能な時間に合ったプログラムを選択したり，プログラム例を参考にして作成したりすることができます（→第2章）。

Q6　ワークはどのように展開するのですか？

A　基本的に四つの流れで進めます

　①導入（ワークの説明）→②説明（概要・ルールの説明とモデルの提示）→③展開（実施）→④振り返り（活動へのコメント）です。展開例に教員のセリフも掲載されています。生徒の実態に合わせ，言葉を置きかえて実施しましょう（→第3章）。

Q7　本ワークショップの目標は何ですか？

A　教員が押さえるワークショップの目標は四つ。
この目標達成のために，生徒には二つのねらいを提示します

　教員が押さえる目標は，①学校生活への不安を低下させる，②生徒同士のかかわりを育てる，③居心地のよさの感覚を高める，④集団生活に必要なソーシャルスキルを共有させる，の四つです。

　この目標を達成するために，ワーク時に生徒に提示するねらいとして，本書では以下の二つを設定しています。①相手を大切にするとはどういうことか具体的にわかる，②クラスに心理的に距離の近い人を複数つくる（例：「名前を呼び合える友人を3人つくる」など具体的な言葉に言いかえます）。

③ 早わかり！かかわりづくりワークショップ

生徒の実態に応じた構成モデル

　かかわりづくりワークショップとは，下記の4領域のワークを展開しながら，その中にソーシャルスキルを取り入れ，生徒たちの関係を育てる活動のことです。

---

①緊張をほぐすワーク（ほぐす）──おもに身体を使って行うゲーム性の高いワーク
②関係をつなぐワーク（つなぐ）──自分のことを話さなくてもできるワーク
③関係をつくるワーク（つくる）──自分のことを話すワーク
④伝え合うワーク（伝え合う）──人間関係をあたためるワーク

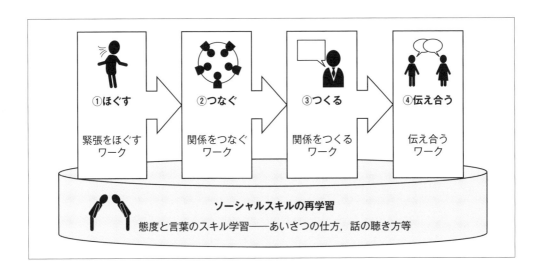

　本ワークショップでは，上記のワークを段階的に行いますが，生徒の実態に応じて4領域のワークを厚くしたり薄くしたりします。そして，これらのワークの中に，具体的な身体的な姿勢（目を見て話す・聴く）と言葉の構成（「どうぞ」「ありがとう」「お願いします」）等のソーシャルスキル・トレーニングを入れて展開します。次ページに，生徒の実態に合わせてどのように厚くしたり薄くしたりするのか，モデルを示します。これは目安ですので，各学校の実態に合ったプログラムを選んでください（→第2章）。

　なお，本ワークショップでは，ソーシャルスキルについては再学習ととらえて，学習のし直しのきっかけになるよう構成しています。どの程度身についているか，現在の生徒の実態を見取り，ワークごとにていねいに確認しながら進めるか，再確認程度で進めるのかを検討します。次ページの③と⑤は，特にソーシャルスキルの再学習が必要なケースです。

生徒の実態（傾向）	かかわりづくりワークショップの構成例
①言葉を使ったかかわりへの意欲が高く，生徒間に差がない ・不安・緊張が少ない。 ・人間関係を良好に保てる。	 「ほぐす」のステップに時間をかけずに「つなぐ」に移行できます。「つくる」「伝え合う」のワーク中心での展開が可能です。
②「われ関せず」タイプが多い ・寡黙な優等生。 ・言葉を使ったかかわりへの意欲は低い。 ・個での活動を好む。 ・関心のあることに熱中して取り組む。	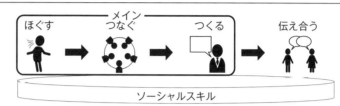 「ほぐす」で十分に緊張をほぐし，「つなぐ」ワークに入ります。「つくる」は躊躇なく話せる内容で構成します。生徒に，「人とかかわるのは悪くない」と思わせる展開をつくることがポイントです。
③活発だがルールにルーズな生徒が多い ・社交的で発言が活発。友達とのかかわりを好む。 ・自分が思ったままを率直に言葉にしたり行動したりする。	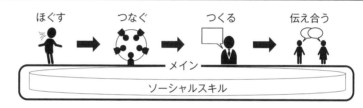 ワークの中でソーシャルスキルをていねいに確認します。その際，できている生徒をほめ，できていないことを指摘しません。しかし，人を傷つけるような発言などのルール違反には即時介入します。
④すでにグループ化がみられる ・中高一貫校や地元中学からのもち上がりが多い。 ・小規模校出身の生徒がいる。	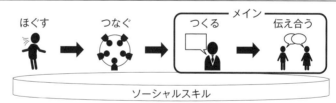 リセットスタートを図るべく面識の浅い生徒同士でグルーピングをし，人間関係の固定化を防ぐための構成にします。小規模校出身の生徒には，一緒に活動できそうな生徒と同じグループにします。
⑤課題のある生徒が多い ・不安・緊張が強い。 ・不登校（傾向）あり。 ・いじめ被害の経験あり。 ・発達的な偏りあり。	 緊張をほぐしつつ状態をみながら行います。ソーシャルスキルは誤学習している生徒が多い可能性が高いので，ていねいに再学習しながら進めます。T1,T2の事前の打ち合わせで配慮が必要な生徒の支援体制を整えます。

教員の役割分担はこうする！

本ワークショップにおける教員の役割は以下の四つです。

①ワークを進行する──「T1」
②生徒へ支援や物品の配布等を行う──「T2」
③学年など大きな集団で行うときにプログラム全体を統括する──「T3」
④実施前の校内調整や準備を行う──「準備担当」

それぞれの役割をみていきましょう。なお，T1，T2のワークショップ進行時の具体的な行動のポイントについては，第3章（→94ページ）を参照してください。

T1の役割──進行の要

　T1は進行の要ですが，「司会進行に徹する」くらいのつもりで割り切ることも大切です。そのためには次の3点がポイントになります。

(1) ワークショップの目標を理解する

　四つの目標（学校生活への不安を低下させる，生徒同士のかかわりを育てる，居心地のよさの感覚を高める，集団生活に必要なソーシャルスキルを共有させる）を押さえておくことで，ゴールが明確になり，ルールを徹底できます。

(2) 各ワークのねらいを理解する

　本ワークショップは，①緊張をほぐすワーク（おもに身体を使って行うゲーム性の高いワーク），②関係をつなぐワーク（自分のことを話さなくてもできるワーク），③関係をつくるワーク（自分のことを話すワーク），④伝え合うワーク（人間関係をあたためるワーク）という，段階的なねらいごとに四つの領域で構成されています。これを押さえたうえで，生徒の実態に合わせて，各ワークをどのように展開するか判断します。

(3) セリフを読み込み，修正する

　第3章では，初めての先生でも安心して実施できるよう，ワークごとに具体的なセリフを示しています。生徒の状態に応じて，セリフを自分の言葉に置きかえましょう。

　また，本ワークショップの初年度は，外部講師にT1を依頼してやってみせてもらい，グループアプローチそのものの理解や，実際の生徒の変容を見学するという方法も考えられます。このときは，外部講師にすべてを任せるのではなく，教員たちは次年度以降の実施に備えて，ワークショップ当日はT2として生徒を支援したり，そのためにも事前に学校内で研修を行ったり，プログラム等の打ち合わせを行ったりするとよいでしょう。

T2の役割——支援の要

　T2は生徒の支援と物品の配布を担当します。T1の具体的な進行の仕方を共通理解したうえで，T2が生徒を支援するスキルはとても重要です。指示どおりに動かない生徒や配慮が必要な生徒等への支援，予想外の生徒の動きや反応があった場合に，生徒の対応を引き受け，T1の進行をサポートします。特にグループアプローチに慣れていない教員がT1を行うときは，ワークの進行で精一杯になるため，T2の役割はとても重要です。支援のポイントは，停滞しているグループや配慮が必要な生徒につくというよりも，グループの輪に入りメンバーの一員になるくらいの意識でかかわることです。そして，T1の指示を徹底させ，ルールやマナーを守って活動できるように支援します。これは，配慮が必要な生徒の安心感・安全感にもつながります。

　T2の間違った使い方は，奇数グループの人数合わせにしてしまうことです。生徒の支援が必要なときに，T2が対応できるように，配置は計画的に行いましょう。

T3の役割——全体の統括者

　学年全体で行うとき，ワーク進行中に全体を統括する「現場監督」の役割をします。ワークの進行（時間配分）をチェックし，時間が押しているときに，ワークをカットしたり，途中で切り上げたりする判断をします。この判断について，タイミングを見計らって行えるように，各ワークのポイントやねらいを理解しておくことが重要です。言いかえれば，T1やT2が迷っているときの相談役ともいえるでしょう。

　打ち合わせどおりにできていないときに，修正する役割もあります。例えば，T1が生徒のモデルとなるように「サイコロトーク」での話型と自己開示のレベルを打ち合わせどおりにできていないとき，それを伝えて修正してもらう，などが考えられます。学年全体の大きな集団で，配慮が必要な生徒の優先順位をつけて，T2にそばにいって支援するように要請するという役割もあります。

準備担当の役割——縁の下の力持ち

　事前の準備をすべて引き受けます。例えば，実施の起案，校内研修の企画，プログラムの作成，セリフの準備，中学校からの情報収集の調整，物品の準備，使うのであればスライド資料や機材の準備など，さまざまなことがあげられます。準備の漏れがないように，準備物の一覧を作成します。これは，一度作成すれば次年度の準備にも役立てられます。引き継ぎの準備をすることも大切です。生徒や教員の振り返りシートをまとめることなどを通して，次年度の取り組みの修正点をあげます。

　グループワークが苦手な先生には，T2の代わりに物品配布をしてもらうという発想も大切です。笑顔で生徒に物品を渡してもらえるだけでも助かるので，適材適所を考えます。

体感しよう！ ワークショップの実際

　ここでは，A高校から相談を受けた筆者（大谷）が，学校関係者とご相談のうえ，実態とねらい，実施条件等を勘案してプログラムを作成し，本ワークショップを実施した一連の流れを紹介します。

本プログラム作成と実践の経緯
■学校・生徒のこれまでの傾向

　地元中学出身の生徒が多い進路多様校です。学校関係者からは，「自己効力感が低く，不安や緊張が強い生徒が多くいます。言葉を使ったかかわりへの意欲が低く，教員の発問に積極的に答える生徒が少ないため，グループワークが活発に機能しません。配慮が必要な生徒が一定数いて，将来展望が弱い生徒が複数見受けられます」と伺いました。

■ワークショップ導入のねらい

　これまで限られた人間関係の中で過ごしてきた生徒が，前向きに新しい出会いを自分で切り拓いていこうとする意欲づけを行いたいと考えました。

■実施上の条件の確認

参加人数：学年（約100名）

実施時期：入学から2週間後（学校行事等の都合）

実施可能時間：6時間まで可能

実施場所：校内施設のどこでも調整可能→体育館に決定

T1ができそうな教員：3人（グループアプローチ未経験）

当日の学年体制：学年所属の教員は全員参加可能

校内研修：4月上旬希望（異動の教員が揃うため）

配慮事項：グループアプローチに抵抗感のある教員→物品配布等でサポートしてもらう

ワーク内容への希望：生徒が将来展望をもてるワーク→1年の目標を考える「今年の漢字」を設定

■プログラム作成のポイントと設定の実際

プログラム作成のポイント：生徒の実態から以下の四つをポイントとしました。

・時間を十分にかけることが必要→6時間（300分）プログラムで実施

・ソーシャルスキルを再学習しながら，緊張をほぐすワークを多く実施

・言葉を使うワークの際には発言の型を示し，段階的に行うことなどの配慮が必要

・配慮が必要な生徒が一定数いるため，T2の支援は不可欠

事前の校内研修：T1が進行に徹するにはT2が必要であり，そのためにはT2の研修が不可欠です。プログラムの確認後，T1を担当する各教員がワーク一つを，教員対象に実施しました。その後，ロールプレイを行いながらT2の支援のポイントを確認しました。

生徒に示すねらいの設定：①「相手を大切にする」が具体的にどうすることかがわかる，②名前を呼び合える友人を6人つくる，の二つに設定しました。

教員の役割分担と実施形態：T1（ワークの進行）担当教員の負担感の軽減を考慮して，T1は3人で分担し，体育館に全3クラスを集め，同時実施としました。また，T2（生徒の支援，物品の配布）と，T2の配置を指示できるT3（全体の統括者）を置きました。

プログラムＡ

４人組主体の５時間ワークショップ

本プログラムの特徴：小グループの中で安心感をもって活動できるように４人組主体の
ワークとし，不安が強い生徒に配慮しながら，緊張をほぐすワークを多く取り入れました。
また，基本スキルを確認しながら，言葉を使ったワークは段階的に行うこととしました。

領域	ワーク名 時間 グループサイズ	プログラムの流れと指導のポイント 生徒の様子（☆），配慮事項（配慮）
	事前準備	グルーピング ・実施が入学２週間後であり，すでに人間関係がある程度できていることが推測されました。そこで，グルーピングは教員の観察により，この２週間でできた人間関係ではない２人組，４人組を午前と午後の２パターン作成しました。 ・グルーピングはクラスごとに行い，交流はクラス内になるようにし，当日欠席者がいても他クラスの生徒との混合グループにはせずに，クラス内の人間関係づくりの支援となるようにしました。 **ネームプレート** ・生徒がとまどうことのないよう，出身中学校と名前，前後半のグループを記入したプレートを，事前に教員が作成しました。
	オープニング **5分** 全体	・集合時，整列の隊形をスライドで示し，生徒はそれに従ってスムーズに整列できました。この際，Ｔ１は，「すばやく整列してくれて，ありがとう」と伝えました。Ｔ１はワークショップ全般を通して，ソーシャルスキルの確認をその都度行うとともに，「ありがとう」や「うれしい」など，自分の気持ちを生徒に伝え続け，あいさつのスキルのモデルをみせました。 ☆笑顔はないものの，抵抗感を示す生徒もみられませんでした。 **Ｔ１，Ｔ２の自己紹介** ・紹介内容をスライド１枚にまとめ，１人15秒ずつ生徒に伝えました。 **ねらいとルールの確認** ・Ｔ１が思いを伝える形で「新しい出会いを大切にしてほしい」と言い，ワークのねらいを「明日の朝，おはようと言える友達が６人できること」と伝えました。 ・ワークショップ全体を通したルールは，「相手を大切にすること」であることを伝えました。具体的には，相手の目を見て話をする，相手の目を見て話を聴く，「ありがとう」「いいね」などの言葉を使う，を示し，ソーシャルスキルの重要性を説明しました。また，すべてのワークの最初に「お願いします」，終わりに「ありがとうございました」と言うことを指示しました。

緊張をほぐすワーク	ジャンケン チャンピオン **5分** 2人組①	不安感・緊張感が強い生徒が多いという実態から，「緊張をほぐすワーク」を複数行い，徐々に緊張・不安をほどいていきました。まずは，ペアでジャンケンをするワークからスタートしました。 ・あらかじめ教員が決めた「今日の2人組」になるよう指示しました。 ・ジャンケンの前に「お願いします」，終了時に「ありがとうございました」と言うように指示しました。勝ち負けにこだわらないように，本日のルールである「相手を大切にする」を再度提示し，「ポン，ポン」と相手と呼吸を合わせることが大切であると強調しました。 ・勝った人を確認するときには，まず全員が手をあげられるように，「3回以上勝った人」と言って確認してから，5回以上，7回以上……と増やしていき，生徒には順に手をおろさせるようにしました。 ☆T1のかけ声で，生徒全員が声を出していました。表情がほぐれて声やリアクションがだんだん大きくなっている様子がみられました。 配慮：生徒の緊張や不安を生まないように，テンポよく行いました。
	足ジャンケン **15分** 2人組① →2人組①対 2人組① →4人組①対 4人組①	チーム対抗のジャンケンで，さらに緊張をほぐしました。ペアから段階的に人数を増やし，チーム以外の生徒とも顔見知りになるきっかけをつくりました。 ・チームになるときには，「失礼します」「どうぞ」と言って腕を組むように指示し，T1のかけ声で生徒全員が声を出しました。 ☆生徒は勝つとハイタッチをして喜び，負けると悔しがっていました。 配慮：ペアをつくるときには，配慮が必要な生徒の近くにT2を配置し，T1の指示にスムーズに従えるよう支援しました。また，腕を組むのが苦手な生徒に向けて，「恥ずかしいなと思う人は，袖をつかんでいいですよ」と，T1が全体に指示し，T1とT2でモデルをみせました。
	なべなべ 底抜け **20分** 4人組① →8人組 →クラス男女別 →クラス全体 →学年全体	次は，身体を大きく動かして緊張をほぐすとともに，チームで協力して一体感を味わわせるワークを実施しました。 ・わらべ歌のリズムに合わせて，手をつないだまま体の向きを変えます。T1，T2の2人によるモデリングでは，大きな声で歌い，楽しそうに行うよう心がけました。 ・「2人組では簡単そうに見えたけど，4人組ではどうかな？」と言い，4人組になり，大きな声で歌いながら行うよう指示しました。 ・1分経ってできないグループがあったので，T1は全員に座るように指示し，最初にできたグループに，ステージ上でモデルになってもらいました。うまくいくコツを説明せずに，生徒自身に気づかせて，協力しながら行うよう促しました。 ・全グループができたことを確認したあと，8人組→クラス男女別→クラス全体→学年全体とグループサイズを広げて行いました。

・T2 は「いいね」と声をかける等，よい行動を積極的に認めました。

☆生徒は大きな声で歌いながら大きく手を振り，リーダーシップを発揮
　する生徒が，手を上げてくぐりやすいようにしていました。

配慮：生徒の身体接触への抵抗に配慮するため，クラスや学年全体で
　行うときには，男子と女子のつなぎ目に T2 がさりげなく入りました。

フラフープ リレー **20分** 8人組 →クラス男女別 →クラス全体	緊張をほぐしながら一体感を味わうワークを，続けて行いました。 

・手をつないで輪になり，フラフープを一周させ，グループ対抗で速さを競い合うワークであることを伝え，4人組を二つ合わせて8人組から実施しました。

・2回目の実施前に T1 が，「今日のルール覚えている？　『相手を大切にする』だよね。だから，相手が輪をかけやすくするにはどうすればいいかな？　くぐりやすくするにはどうすればいいかな？」と相手への配慮について考える時間を1分間とりました。その後，全グループができたことを確認してから，クラス男女別→クラス全体へとグループサイズを広げました。

☆生徒自身でより速く行うための工夫をしはじめ，フラフープをくぐりやすいように声をかけ合う姿がみられました。また，自分がくぐり抜けたあとも，フラフープの方向に視線を向けて応援する姿があり，早く終わると「やったー」などと，歓声を上げていました。相手のやりやすさを考えながら行うことがスムーズにつなぐポイントであることを，生徒たちは体感したようです。

配慮：身体接触への抵抗に配慮し，「なべなべ底抜け」同様，クラス全員で行うときには男子と女子のつなぎ目に T2 が入りました。

関係をつなぐワーク	**新聞紙パズル** **10分** 4人組①

言葉を使ったかかわりへの意欲が低い生徒が多い実態を踏まえ，自己開示を伴わない本ワークで，話すことへの抵抗感の軽減を図りました。

・新聞紙を広げた大きさで1枚を使用し，あらかじめ20ピースに破いておいたものを配布しました。

☆元に戻すときの作業では，意見を積極的に言い合っている生徒，セロハンテープを切ってメンバーに渡す生徒など自然発生的にできた役割を行っているようにみえました。完成すると歓声が起きたり，喜んで小走りしながら提出したりする様子から達成感を得られたように感じました。

配慮：新聞紙の選択には注意し，事件等が載っている紙面は省きました。これは，生徒がその事件の記事をどう感じるかを把握しきれていないための配慮です。また，カラー刷り，大きな写真，雑誌などの広告が載っている紙面も省きました。これは元に戻すときの難易度をそろえるためです。

関係をつくるワーク	サイコロ トーク① **20分** 4人組①	ここから，「関係をつくるワーク」に入ります。最初は，浅い自己開示を伴うもの，次に少し深い自己開示を伴うもの，と段階を踏み，徐々に言葉を使うことへの抵抗を軽減させました。 ・お題シートを2種類用意し，1回目は「好きな○○」というテーマで抵抗感なく話せる内容，2回目は自己開示レベルを少し深いお題（例「高校生活で楽しみにしていること」）を設定しました。 ・T1は，話すときの型を2文で示し，「私の好きな○○は□□です。理由は△△だからです」と浅い自己開示レベルのモデルを示しました。 ・話すときは目を見る，聴くときは相手の目を見る，サイコロを渡すときには「どうぞ」，受け取るときには「ありがとう」と言う，というルールを確認しました。 ・メンバー3人の目を見て話すことは，多くの生徒ができていなかったため，1回目終了時に，できているルールから順番に，「どうぞと言ってサイコロを渡せている人は？」「受け取るときにありがとうと言えている人は？」「相手の目を見て話を聴けている人は？」と言って挙手させ，そのつど「ほぼ100%できているね」とほめながら進めました。「相手の目を見て話をしている人は？」では，ほぼ半分の生徒が手をあげました。このとき「50%の人ができているね。次に確認するときには，80%の生徒ができているといいね。こうやって話をするんだよ」と，3人とアイコンタクトをとるモデルをT1が示しました。 ☆モデルの提示により，2回目は意識して目を見て話すことができ，終了時に実行できた生徒の確認をしたところ，ほぼ全員の手があがりました。 ☆話すことが苦手な生徒が複数いると，長く話せないことから，あっさり終わりますが，それでも，話をしている人を見て聴くことができていました。 配慮：不登校経験のある生徒も入学していることから，中学校時代のことにふれるお題ははずすよう配慮しました。
伝え合うワーク	いいとこ 四面鏡① **30分** 4人組①	「関係をつくるワーク」で，自己開示を体験したあと，本ワークショップの山場である，「伝え合うワーク」に移りました。 ・一緒に活動してきたメンバーの印象を振り返り，よいところを探して伝え合うワークであることを伝え，T1，T2でモデルを示しました。 ・聞き合いのときは，だれと話すのかをスライドで示しました。ワークシートの印象を示す形容詞の中から，それに○をつけた理由を話すように指示をし，話す型も示しました。

☆私語はなく，生徒はみな真剣に考えている様子でした。話し合いの場では，「自分が周りからどうみられているかを知ることができて，うれしい」という声が聞こえてきました。自分の第一印象を知ることができたり，クラスメートの意外性を発見したりできたことから，話すことができてよかったと感じた生徒が多い様子でした。不安を抱えて活動に参加していた生徒も，この段階ではかなり不安が軽減されたようです。

配慮：シートの内容は，生徒の実態に合わせ，例えば「寛容」を「心が広い」など，文言を修正して準備しました。また，話をするとき，だれと話すのか，指示をしないまま４人組で行うと，聴けずに終わるグループが出る可能性があるので明示することが大切です。

クロージング①
15分
４人組①

振り返りでは，前半のワークショップの感想をお互いに伝え合いました。
・言葉を使うことへの抵抗を配慮し，振り返りシートに記入した箇所から伝えたいことを選択して読み上げさせました。
・T1が後半につなげるため，ねらいの一つである「相手を大切にする」の具体的な行動を一つ一つ挙げながら，生徒にできたかを尋ね，できたと思う人には挙手させました。
・昼食後の４人組を確認し，整列の仕方もスライドで示し，前半を終了しました。
☆生徒たちの多くは，開始時は緊張気味でしたが，身体的なワークが進むにつれて笑顔が増えたように感じました。

昼休み
（45分）
４人組①

※トータルの実施時間に含まず

昼食は少し早い時間でしたが，区切りのいい前半終了時に各教室でとらせました。一人になる生徒が予想されたため，前半の４人組①で過ごすように指示しました。
各教室にT2を1名配置し，生徒の様子を観察しながら，一緒に昼食をとりました。他の教員は昼食時間に，前半の生徒の様子を共有し，後半の対応方針の確認を行いました。例えば，生徒の様子に応じて予定していたグループを変更し，活動がスムーズに行えるようしました。
☆活動を行った前半の４人組①で過ごさせたところ，交流が継続し，「○○が好きって言っていたけど，私も」などお互いの興味を中心に話をしている様子でした。

緊張をほぐすワーク

全身ジャンケン
5分
４人組②

４人組の新メンバーで行う後半のスタートは，メンバーがかわっても抵抗なくできる，身体を使ったジャンケンを行いました。
・「グーは全員がしゃがみ，チョキは外側２人だけがしゃがみ，パーは全員が立つ」というルールのもと，グループ対抗で行いました。
☆多くは指示どおりに動きましたが，ずっと「パー」のポーズのままの４人組の中には，しゃがむのが面倒だという様子もうかがえました。
・このときは，T2がかかわるとかえって抵抗につながるとT3が判断し，そのまま見守りました。その後のワークでは，こうした生徒の様子はみられませんでした。

関係をつなぐワーク	○○と言えば **5分** 4人組②	ワークショップの前半で「緊張をほぐすワーク」を多く行い，緊張はかなり緩和されたので，後半は，「緊張をほぐすワーク」を一つ行ったあと，「関係をつなぐワーク」に移りました。 ・お題を聞き，メンバーが答えそうなことを想像していっせいに言う活動です。お題を「赤いもの」「酸っぱいもの」「もらってうれしいもの」にし，「せーの」を合図にいっせいに声を出して言いました。 ☆一致すれば盛り上がり，一致しなくても「そっちか」など，会話が弾んでいました。ハイタッチをすると雰囲気が一気に盛り上がりました。
	新聞紙タワー **20分** 4人組②	後半のグループでも生徒の実態を踏まえ，自己開示を伴わない本ワークを取り入れ，話すことへの抵抗感の軽減を図りました。 ・新聞紙を使い，グループで協力して高いタワーを作ります。出来上がらないと達成感が得られないため，最初に東京タワー，エッフェル塔，ピサの斜塔の画像を見せて視覚的なイメージをもたせました。 ・考えがまとまらないグループには，T2が入り，ヒントを与えながら完成できるようにかかわり，生徒が達成感を味わえるようにしました。 ☆作ったタワーを体育館の壁に並べさせたところ，生徒はそれを休憩時に見て，「自分たちとはここが違う」などと話す様子がみられました。
関係をつくるワーク	サイコロトーク② **20分** 4人組②	2回目の「サイコロトーク」は，1回目と同様の流れで，その1は「好きな○○」，その2は少し深い自己開示レベルのお題としました。ただし，お題そのものは，別のものを用意しました。 ・1回目と同様，話すとき・聴くときは相手の目を見ること，サイコロを渡すときは「どうぞ」，受け取るときは「ありがとう」と言うことを確認しました。この際，3人とアイコンタクトをとるモデルをT1が再度示しました。 ☆さまざまな活動のあとだったので，抵抗なく話ができているグループが多くみられました。1人が話し終わると自然と拍手するグループもありました。また，ていねいに，場合によっては大げさに目を合わせて話す姿もみられました。
	今年の漢字 **15分** 個人 →4人組②	後半のグループでは，「サイコロトーク」で自己開示を行ったあとは，さらにやや深い自己開示を伴うワークに移りました。 ・高校1年生での目標を漢字一文字で表し，1人ずつ発表し合いました。 ・T1とT2がモデルとなるように今年の目標を示しながら生徒との出会いについて思いを伝えました。 ・書けない生徒には，T2がヒントの用紙を見せながら一緒に考えるようにしました。 ・最後に，シートを回収し，後日，各クラスで掲示しました。 ☆生徒は高校生活への意欲を表現していました。 配慮：書けないでいた生徒には，T2がサポートに入りました。展望がもちにくく，決めることに苦労したものの，書くことができました。

伝え合うワーク	いいとこ 四面鏡 **30分** 4人組②	後半のワークを共にしたメンバーの印象を振り返り，互いのよいところを探して伝え合うワークで締めくくりました。 ・やり方は，1回目の「いいとこ四面鏡」と同じです。生徒はやり方に慣れたため，1回目より時間的に早く終わりました。また，この段階までくると，指示は伝わりやすくなっていると感じました。 ☆時間がかかる生徒もいる中で，「終わったら紙を裏にして待つ」という指示を守り，各自振り返っている様子がうかがえました。 ☆「どれに○がついてもいいんだよ」と事前に伝えていたので，いっせいに見たときによい雰囲気を保っていました。 ☆背中合わせで記入する場面では，ある男子グループは背中をピッタリ合わせ，よりかかる姿がみられました。
	クロージング **15分** 4人組②	後半のワークショップの感想をお互いに伝え合いました。 ・前半と同様，言葉を使うことへの抵抗感を配慮し，振り返りシートに記入した箇所から伝えたいことを選択して読み上げさせました。 ・最後に，T1がワークショップのねらいにそって感想を述べました。また，翌日に登校したときに，今日同じグループだったメンバーに「おはよう」と伝えること，言われたら「おはよう」と返すことを宿題としました。 ☆1日を通して，どの生徒も，大きな抵抗を起こさず，時にT2のサポートを受けながら，活動を最後までやりきることができました。

実践報告：ワークショップがその後の居心地のよさにつながった

■ワークショップ中の様子

　生徒たちは，ねらいを理解して楽しく取り組んでいました。コミュニケーションに不安がある生徒も，教員の適切な介入により大きな問題もなく取り組むことができました。

■振り返りの様子

　生徒の振り返りシートには，「少し不安だったけど，自分から話しかけて仲よくなれた」という積極的に相手に働きかけた感想が多くみられました。対人関係に不安が大きい生徒も「自分が黙っていても周りが気軽に話しかけてくれて，周りはみんな思いやりがあって親切な人が多いと思った」といった感想をもつことができました。また，「同じクラスの人の趣味や好み，意外な一面などを知ることができてよかった」という感想からも，本ワークショップがその後の居心地のよさにつながっているように感じました。

■ワークショップ以降の様子

　質問紙による調査を行った結果，不安については，事前から事後2週間で統計的に有意に下がり，3カ月後まで効果が維持できていることがわかりました。このことからも入学初期に行うワークとして，効果があると感じています。

　ひと昔前はお互いを知るためのワークは仕組まなくてもよかったのですが，いまはそのきっかけをつくらなければいけないと感じています。また，年度途中で，高校生活の仕切り直しの仕掛けをつくる必要性も感じています。今後も生徒同士がお互いを尊重し合い，高め合っていける集団になるよう，取り組んでいきたいと思います。

かかわりづくりワークショップ「生徒の感想」

15ページでご紹介した，本ワークショップの振り返りで，生徒が記述した感想の一部を抜粋して紹介します。

不安感の軽減

中学校のとき不登校だった私が，知らない人と話をするなんて，考えもしませんでした。まだ，不安は残りますが，今回，話をしたり聴いたりすることで，相手のことを少しでも知ることができ，このワークをしてよかったなと思いました。

心理的距離

違う中学校の人たちとは，最初，緊張してあまり話せなかったけれど，いろいろなワークを通じて話をすることができました。特に「サイコロトーク」ではみんなの好きなことがわかってよかったです。好きな（芸能人の）グループが一緒の子がいて，いままでそんな子と出会ったことがなかったので，一番うれしかったです。

相手を大切にすること

みんなで協力したり話し合ったりする場面が多かったですが，自分がもっている情報を出し，それに関する情報がないか質問したりすることができました。このようなゲームを通して，特にコミュニケーションが大切だと思ったのと，人の気持ちを考えて行動することが大切だと思いました。

自己開示

まず話さないと何も始まらないことがわかり，自分の意見を言うことも大切だなと感じました。

クラスメートへの興味

今日は知ることができなかったみんなの一面を，これからの学校生活で発見していきたいです。体育祭がすごく楽しみです。

キャリア教育

知らない人と協力するのはむずかしいことだけど，今回のようなことを日常でも少しずつ行えば，このクラスにも慣れ，社会に出たときに，人とすぐ接することができると思いました。

教員との関係

先生とも気になることを話したり，いろいろ教えてもらったりして，ためになりました。

学校生活への意欲

高校生活の中で一番大事な一歩を踏み出せた気がします。

第1章

かかわりづくり
ワークショップとは

なぜ，かかわりづくりなのか

◼ 「かかわり」に苦戦する若者たち

「人とかかわるのは面倒。でも孤独な人とは思われたくない」

　大学の学生食堂に，通称「ぼっち席」といわれる「個人利用席」が設けられるようになりました。これまでの学生食堂の風景は，大きなテーブルで学生たちがそれぞれに席を確保して昼食を食べるというのがあたりまえでした。しかし，それを負担に感じる学生が出てきために，席と席との間につい立てを設置するなどして，一人でも利用がしやすいように配慮した個人利用席を設置したのだといいます。

　学生食堂に行って一人で昼食をとる姿は昔からありましたし，それが悪いわけではありません。問題は，周りがどうみるかとか，一人でいる自分という存在に対して不全感をもつといった，大勢の中に一人でいること自体がストレスとなってしまうことなのです。「友達がいなくてランチタイムがつらい」と訴えた学生は，「一人で食べることは，『ぼっち（孤独な人）』とみられるようでつらい」と言いました。では，「友達を誘ってみてはどうか」とアドバイスすると，「誘って断られるとへこむから誘いたくない」と言うのです。他者からどう評価されるかをいつも気にし，誘いを断られるだけで揺らいでしまう，脆弱な自己に苦しんでいるようです。

　人とかかわるために必要な，他者への信頼感や自己への信頼感が希薄で，人の中で安全感をもてず，いつも不安で落ち着かない状態なのかもしれません。人とかかわることに膨大な心的エネルギーをつぎ込みながら生活し，ヘトヘトに疲れている姿がうかがわれます。進学するための学力は身につけてきたけれど，他者とかかわる関係性の発達が未熟な学生たちは，学生生活に生きづらさを感じて人と接しなくなるなど，問題を抱えることになります。こうした問題を抱えたまま就職できたとしても，人間関係が原因で離職するケースが多くなるのは，当然といえば当然のことです。

　では，なぜ，関係性の発達に課題を抱える若者が増えたのでしょうか。このような若者の現状の理解には，心理面や社会面，身体面における発達の課題に目を向ける必要があります。

■発達の課題　①心理面

自尊感情の低下の背景にある「かかわりの質と量」の変化

　他者とかかわる際の安全感や信頼感，自分の価値やよさについての感覚は，関係性の中で他者とのかかわりの経験の中で発達していきます。あたたかく応答的な大人とのかかわりの中で，安全感を確保し，「人は信頼できる」という他者信頼の感覚をもつと同時に，「自分は大事にされる価値がある」という自己信頼の感覚を育んでいきます。それが自己形成の基盤となり，同年代との遊びや競い合いといった多様な関係の中で，他者という鏡に映った自分をみながら，自分のよさや特性に気づいていくことができるのです。関係性の発達の基礎となる基本的な信頼感は，このような生育環境における対人関係の経験に支えられています。

　ところが，最近，日本の中高生，大学生，成人の自尊感情が低下している傾向がデータで示されました（Table 4）。これは，子どもから大人まで，自分自身に対して"good enough（これでよい）"と思える感情をもてないようになりつつあることを表しています。自尊感情の低下は，自己への価値の感覚を育むような，あたたかく応答的な人とのかかわりの機会が保障されなくなった結果であるとみることもできます。

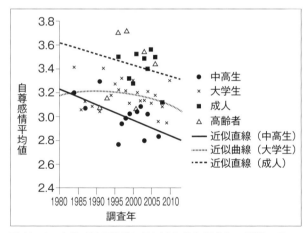

　1980年代から2010年代にかけて，中高生，成人は自尊感情が低下する傾向にあります。大学生も曲線を描きながら低下する傾向に変化しているようにみえます。

Table 4　自尊感情平均値に及ぼす年齢と調査年の影響─ Rosenberg の自尊感情尺度日本語版のメタ分析─（小塩・岡田・茂垣・並川・脇田，2014）

　他者を信じることができない，そして自分も信じることができない二重の不全感の中で，親密な対人関係を避けて，あたりさわりのない浅いつき合いに終始したり，現実の対人関係から退却したりすることになります。

　リアルな関係を避け，葛藤が生じたときはいつでも切り離せるネット上の匿名性の中の信頼関係に依存して，昼夜逆転から抜け出せない生徒の抱える課題も，関係性の発達から考えると理解ができます。関係性の発達の基礎を支える心理面の発達の脆弱さが，かかわりづくりに苦戦する若者たちの背景にあることを理解する必要があります。関係性の発達

のためにまず支えなければならないのは，あたたかい人とのかかわりの中で，「周りはあたたかく信頼できる」と感じ，「自分は受け入れられる価値のある存在である」と信頼する力を育むことなのです。

▣ 発達の課題　②社会面

家族・地域での「かかわり」を学ぶ機会の減少

対人関係の形成に必要なコミュニケーションの方法は，生育環境の中での「人とのかかわり」の中で学習・獲得されます。どう振る舞えばよいかを教えてもらう機会が大切なことはもちろんですが，他者が適切にコミュニケーションをしている姿をみてモデリングすることも必要です。そして何より，学んだコミュニケーションの方法を自分で試しながら，さまざまな状況の中で葛藤も含めて経験して，時間をかけて上手になっていく過程も大切なのです。

近年の社会は，大人数の家族の中で，祖父母などの異世代とかかわることや，多くのきょうだいとの葛藤などを経験して育つ環境ではなくなっています。さらに，地域に目を向けても，ガキ大将のいるような集団で遊ぶ経験をする場所も機会も失われているところが多いのです。関係性に課題を抱える若者たちは，大切な発達の機会が保障されない社会の変化の中で苦しんでいるとみることができます。

▣ 発達の課題　③身体面（脳，神経系）

頭で分かっていてもコントロールがむずかしい不安や緊張

最近の脳の発達や自律神経系の発達についての研究の知見は，私たちの適応行動を考える上で重要な示唆を与えてくれます。対人行動での適切な振る舞いに，脳や神経系の発達が大きく影響していることが分かってきました。

たとえば，脳の発達では，不安や警戒，情動などをつかさどる大脳辺縁系や感情をコントロールし適応的な行動をとることに関わる大脳皮質は，虐待などの不適切なかかわりによって器質的にダメージをうけることが明らかになっています。その影響で，安全感を脅かされやすく，対人関係において不安や警戒の状態が強い生徒がいるのです。

関係性の発達を支援する際には，このような生育環境における身体面（脳，神経系）のダメージによって適応が困難な生徒がいることを考慮にいれる必要があります。

▣ 入学直後に仕かける「かかわりづくりワークショップ」

学校で行うトレーニングの必要性

近年，学校現場で取り入れられるようになった，SST（Social Skills Training：ソーシャルスキル・トレーニング）やSEL（Social and Emotional Learning：社会性と情動の学習）などは，そのような生徒たちの課題に対応して，人とのかかわりのスキルに関する学習・獲得をめざして行われています。

　他者とのかかわりがうまくつくれない生徒たちの多くは，そのような経験の中での学習がうまくいっていないか，誤って学習されていると理解できます。しかし，それはいつでも再学習が可能なのです。

　社会の変化に伴い，生徒たちを取り巻く「人とのかかわりの質と量」の中での心理面や社会面の発達の機会が保障されなくなり，それを取り戻すために，ワークショップによって人とのかかわりを生み出しながら，発達を促す必要が出てきたのです。

　生徒たちに，社会の中でたくましく生きていく力を身につけさせるためには，知識の習得や思考力などの認識の発達とともに，関係性の発達を支えなければなりません。学校生活だけでなく，その後の生涯にわたる社会適応を支えるためにも，生徒たちの関係性の発達の課題にも目を向けながら，適切にその援助を行うことが求められるようになったのです。

関係性の発達を促す「かかわりづくりワークショップ」

　このような生徒たちの実態に気づいた学校が始めたのが，関係性の発達を促す教育実践としての「かかわりづくりワークショップ」です。

　最近の生徒たちの関係性の発達を考えると，自然にかかわりが生まれて良好な生徒集団になることを待っているわけにはいきません。入学直後のオリエンテーションから，本ワークショップで仕掛けていくのです。

　ただし，ここで考えておかなければならないのは，上述したように，若者たちが抱える関係性の課題は，人との「かかわり」の中でしか得られない心理面・社会面・身体面の発達であるということです。そして，「かかわり」の中でしか促進されない発達であるにもかかわらず，「かかわる」こと自体に課題を抱える生徒の現状なのです。かかわりの中で生徒たちの関係性の発達の支援をしていくといっても，「単純にかかわらせればよい」とはならないのです。そこに，本ワークショップを実践している学校の苦労と工夫がありました。

　生徒同士の相互のかかわりを通して成長を促す取り組みは特に新しいものではありません。これまでも，集団づくりや人間関係づくりプログラムは行われてきました。しかし，最近，学校の先生方から，こんな声を聞くことがあります。

　「専門的な知識が必要で，知識のある教員が転任してしまうと後が続かない」

　「実践はあまりうまくいかなかったし，思ったような効果も出なかったので，取り組みをやめてしまった」

　入学してくる生徒たちの現状を目の前にして，良好なかかわりの中で人間として成長させたい。しかし，かかわりをもたせること自体がむずかしくなっている現状の中で，これまで使ってきた方法はうまくいかなくなってきた。では，どうすればよいのか……。このような現実の中で，生徒たちの相互のかかわりを通して育てるプログラムはどうあればよいか考え，実践と研究を積み重ねてたどり着いた答えが，この「かかわりづくりワークショップ」なのです。

第2節

かかわりづくりワークショップの ねらい

■「かかわりづくりワークショップ」の4領域とねらい

　本ワークショップでは，以下の4領域で段階を踏みながら関係を育てます。また，これらを通してソーシャルスキルを再学習しながら定着させていきます。

「かかわりづくりワークショップ」4領域のワーク

①緊張をほぐすワーク

かかわってみることでわかる安心感を味わう
「一緒にやっていけそうかも……」
──おもに身体を使って行うゲーム性の高いワーク

②関係をつなぐワーク

一緒に活動したことがある顔見知りをつくる
「あのとき一緒のグループだった……」
──自分のことを話さなくてもできるワーク

③関係をつくるワーク

共有する事柄を前提に話ができる
「○○の曲をよく聴くって言っていたけど……」
──自分のことを話すワーク
（浅い自己開示～少し深い自己開示）

④伝え合うワーク

あたたかいかかわり合いで居心地のよさを感じる
「○○と言っていたのを聞いて，スゴイなって思って……」
──人間関係をあたためるワーク

ソーシャルスキルの再学習
──ワークショップ全般を通して定着を図る──

◉①緊張をほぐすワーク

──不安の低減

　新入学時は，新しい仲間や教員たちとのかかわりや，学習や行事など新たに始まる学校生活に対する不安が生じやすいものです。

　それらの不安を低下させることをねらいとして，本ワークショップの最初に「緊張をほぐすワーク」を行います。これから始まる学校生活の不安を直接低下させることはできませんが，未知の学校生活に対する不安に対して，一人で立ち向かっていくのではなく，周りの人たちと一緒に歩んでいけるように支援します。新しい仲間や教員たちとのかかわりへの不安を低下させることによって，「このメンバーと一緒なら，新たに始まる学校生活に向かっていけそう」というところまでをめざします。もちろん個人差はありますが，どの生徒にも安心感をもってもらうことがねらいです。

　入学時のできるだけ早い時期に，本ワークショップによって友人関係の不安を低下させることは，その後の学校生活への不安への対処を助けることになり，学校適応を支えることにつながります。

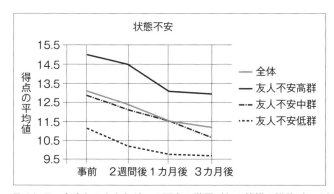

Table5　友人とのかかわりへの不安の階層ごとの状態の推移（→169ページ）

　「友人からどう見られているか気になる」など「友人とのかかわりへの不安（以下：友人不安）」は，生徒の適応に関連していることが指摘されています（臼倉・濱口，2015）。Table5〜7では，その友人不安を群分けして，本ワークショップでターゲットとした指標について検討しています。
　「状態不安」は，入学時の友人不安の高低にかかわらず，ワークショップ終了2週間後から1カ月後まで下がり続けます。入学初期に建設的に不安を下げるという目的は達成できています。

◉②関係をつなぐワーク

──まずは顔見知りになるレベルから

　大勢の人の中で話せる知り合いがいないことがストレスになる生徒がいます。また，初めからお互いのことを知り合う関係を行うのはハードルが高いという生徒もいます。

　そこで，無理なく関係づくりを進めるためのステップとして，自分のことは話さなくてもできる「関係をつなぐワーク」から行います。グループで相談し合いながら情報を共有して目標を達成するワークなどを通じて，自然にかかわりのきっかけが生まれるようにします。

◘ ③関係をつくるワーク

──お互いに知っていることを増やす（浅い自己開示〜少し深い自己開示）

　かかわるきっかけはあったものの，それ以上関係が近くならないことは，私たち大人でもよくあることです。このような，深くかかわりすぎない「公的なかかわり」をベースとし，必要に応じて一歩踏み出して，気が合う人と「私的なかかわり」をもつことができる入口のところまで育てることをめざします。

　相手の好みや趣味，行動などについて知り合い，お互いが共有しているものが増えると，話すきっかけや共通の話題で会話することにつながり，そこから関係が始まります。「関係をつくるワーク」は，このようなお互いが知り合う機会を意図的につくるワークです。これにより，学校適応と関連がある「友人について知っていることの数」を増やします。この傾向は，自己開示を伴うワークを実践した学校のみでみられるものです。ワークを通して，お互いに知っていることを増やしていくことが，その後の学校生活の中で，生徒同士の関係づくりのスタートを支えることになります。

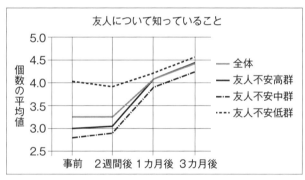

　「友人について知っていること」は，クラス内の仲の良い友人を1名想定して回答させています。ワークショップでは，教員によるグルーピングのため仲の良い生徒は入っていません。結果は，ワークショップ終了後，2週間後は変化がありませんが，1カ月後から3カ月後まで3群ともに高くなっています。ワークショップをきっかけに生徒の交流が進んで仲の良い友人ができたことがうかがえます。

Table 6　友人とのかかわりへの不安の階層と友人について多く知っていることの推移（→ 169 ページ）

◘ ④伝え合うワーク

──あたたかいかかわり合いの体験

　最初に，「緊張をほぐすワーク」で，不安感を低減させ，「関係をつなぐワーク」で，顔見知りを増やすレベルに底上げし，お互いのことを知り合う自己開示を伴う「関係をつくるワーク」をプログラムに組み込むことによって，友人関係によい循環が生まれるところまで，かかわりを育てることができるのです。

　これら3領域のワークによって大切に育てた関係を維持し，学校生活における居心地のよさを向上させることをねらいとして，最後に「伝え合うワーク」を行い，あたたかいかかわり合いを体験させます。

　居心地のよさとは，周囲との関係になじんで，リラックスして自分らしくいられる感覚です。それには，「周りの仲間は，自分のことを肯定的に認めてくれる」と生徒たちに感じさせることです。お互いにポジティブな印象を伝え合うことによって，あたたかいかかわり合いを生み出し，集団の中での安心感を形成することをめざします。

■ ソーシャルスキルの再学習
──ワークの4領域の基盤

　以上のワークの4領域全体を通して達成すべき重要な目標は，すべての生徒に集団生活に必要な基本的なソーシャルスキルを再学習させることです。

　スキルが土台にあってこそ，不安や緊張を低下させ，お互いのかかわりを育てることや居心地のよさの感覚を高めることができるからです。そのため，プログラム全体を通して全員に遂行させ，かかわりが基本となる集団を体験させることが重要になります。ここで大切なのは「できる（学習・獲得）」ではなく「する（遂行）」を目標にすることです。「あいさつ」「聴く・話す」といった基本スキルは，「あなたを攻撃しません」「尊重しています」というサインを伝え，コミュニケーションの基盤となる安全感を確保するために重要だからです。

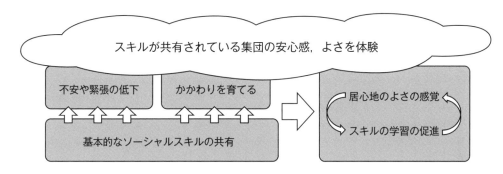

　本ワークショップの実施により，生徒の学校生活での居心地のよさの感覚が高まることが示唆されています（Table7）。この感覚は，生徒個人の友人不安の程度によって異なります。そのため，友人不安を抱えながら入学してくる生徒は，集団の中で居心地のよさを感じられず，学校適応で苦戦するリスクをもちます。ワークショップによるあたたかいかかわり経験は，友人不安の強い生徒にとって，生徒同士の関係の中で居心地のよさを感じ，少人数でも親しい関係を維持することにつながります。

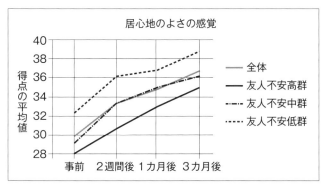

　ワークショップに参加した生徒の「居心地のよさの感覚」は，入学時の友人不安の高低にかかわらず，ワークショップの直後から高まり，3カ月後でも上昇傾向を維持しています。

Table7　友人とのかかわりへの不安の階層と居心地のよさの感覚の推移（→ 169ページ）

第3節

かかわりづくりワークショップの
方法論

◨生徒の発達の課題に応じた新しい方法論の必要性

　本ワークショップは，かかわりの中で生徒同士を育てることがむずかしくなった理由を，「近年の生徒が抱える心理面や社会面，身体面の発達にかかわる課題」ととらえるところから始めます。

　心理面や社会面，身体面の発達は，集団生活に必要な振る舞い方や対人関係で起きる葛藤に対処しながら成長する基盤を支える力です。ここで重要なのは，それらの発達は教えてもらうだけで促されるものではなく，「人とのかかわり」の経験の中でしか促すことができない部分を含むということです。ですから，知識として教える，認知の変容を促すといったことと同時に，よいかかわりを経験させることを通して発達を援助するしかないのです。このような意味を教員間で共通理解するところから，本ワークショップは始まります。

　生徒たちの心理面や社会面，身体面の発達の課題は，それ自体が対人関係の形成に影響する課題であるため，よい人間関係をつくることがむずかしくなりました。「人とかかわることは大切です」「大いにかかわり合って成長しましょう」と，その意味や価値を教えるだけでは実現できなくなってしまったのです。

　これまで学校で行われてきた「団結だぞ」「協力だよ」と言ってかかわりを促す指導は，豊かな経験をしながら良好に関係性の発達を遂げてきた生徒たちに助けられていたからこそ可能であったといえます。これまでのやり方が通用しなくなっている実態があるとするならば，生徒の発達の課題に応じた具体的な方法を，私たちはもたなければならなくなったのです。

　次に，前節で説明した本ワークショップのワークの4領域（①緊張をほぐすワーク，②関係をつなぐワーク，③関係をつくるワーク，④伝え合うワーク）と，ワークショップ全体を通して定着を図る「ソーシャルスキルの再学習」にそって，方法論を紹介します。どのような方法で行うのか，そうする理由は何かをみていきましょう。

◱ ①緊張をほぐすワーク

身体がほぐれると心もほぐれる

　本ワークショップのプログラムでは，最初に「緊張をほぐすワーク」を組み込みます。人はみな，脅威を感じる場面を回避するように進化してきました。初めて出会った人たちの中で落ち着かないのは，よく知りもしない人とのかかわりに対して安全感が脅かされるからです。そのため，入学時の学校のオリエンテーションでは，多くの場合，緊張や不安が生まれ，堅苦しい雰囲気の中，進むのです。

　緊張や不安などの感情を変えることは簡単ではありません。しかし，感情を直接変化させることはむずかしくても，身体への働きかけによって，感情を和らげることができます。

　簡単にいうと「笑っているときには，不安や緊張は同時に生起しない」「体がほぐれると心もほぐれる」ということです。本書で紹介する緊張をほぐすワークは，「アイスブレイク」といわれる人間関係づくりのワークの一種で，おもに身体を動かすことでこわばった体をほぐし，自然に笑いが生まれるようになっています。

安全感の確保

　緊張をほぐすワークのもう一つの目的は，安全感を確保することです。

　人が脅威を感じたときに発動する交感神経系や副交感神経系をコントロールする役割として進化した「社会的かかわりシステム」は，顔の表情筋，首の周りの筋肉，声帯などにつながっています。集団で社会生活を営むようになった人類は，互いの安全感を確保しながらかかわっていくために，表情や首を傾げるしぐさ，声のトーンなどで互いに安全であるサインを確認できるように進化したと考えられています。ですから，サインがうまく交換できない状況では，私たちの身体は不安や緊張を起こすのです。

　無表情であったり，口元が緊張し目の周りが弛緩したりしている表情には，おのずと脅威を感じるでしょう。また，低い声のトーンは唸り声の周波数に近いことから，安全であると感じることはできないのです。ですから，雰囲気を和ませて，笑顔や明るい声が上がることや，お互いにポジティブな言葉をかけ合う機会を積極的につくりながら安全感を確保していくことが大切なのです。

アイスブレイクの効果

　この原理に基づき，本ワークショップでは，おもに身体を動かしながら行うゲーム性の高いワークを行いながら，安全感を確保しつつ，不安や緊張をていねいにほぐしていきます。

　不安や緊張を感じる程度には個人差があります。人とのかかわりが苦手な生徒にとっては，大勢の中で見知らぬ人とワークを行うだけで不安や緊張が喚起されて，お互いに知り合うどころではないのです。最近の生徒の抱える課題を踏まえると，伝え合うワークを中心に考えたとしても，緊張をほぐすワークを省略することはできません。

　このようなワークは，ゲームをして遊んでいるように見えるので，「生徒たちにこんな

ことをさせて意味があるのか」という疑問をもたれる先生もいると思います（この疑問に対する背景〔逆制止理論〕については54ページ参照）。

　また，社会に出たら，大勢の前で意見を述べるよう求められることもあるでしょう。ですから，不安や緊張をもちながらも，自己紹介をしたり役割を決めたり，決意や目標など考えたことを発表したりすることにも意味はあります。しかし，不安や心理的抵抗の中で，ただ言われたとおりに動くだけでは，やらされ感が残るだけで，大きな学びは得られません。

　いまの生徒たちの現状を考えると，自ら自己決定的に目的をもって取り組んでいけるようになるまで，その土台となる部分を，段階をていねいに踏んで育てていくことしか方法はないのです。

◉ ②関係をつなぐワーク

役割交流を通してかかわりのきっかけをつくる

　かかわりをつくるには「かかわり」が必要です。しかし，その最初のかかわりの機会がないと，お互いが正体不明のままに学校生活がスタートしてしまいます。これが，いじめや不登校などの人間関係のトラブルや不適応の問題の一因につながるものと考えます。

　さて，あなたの学校では，入学して初めて出会う場面で，顔を合わせたら軽くあいさつをして，自然と会話が始められる力をもつ生徒がどれくらいいるでしょうか。その実態を踏まえて，関係をつくる工夫をする必要があるということです。

　それにはまず，役割交流から始めます。必然性がないところでかかわることは，不安や緊張を伴います。しかし，何か役割があってお互いにかかわることがあたりまえという共通認識がある状況であれば，かかわることへの抵抗が下がります。

　ですから，オリエンテーションのワークだからペアになる，グループで必要なものがあるから取りに行く，ゲームで同じチームだから一緒に活動したり作戦会議をしたりするなど，「そこにいること」が自分の役割である状況をつくり出してかかわりのきっかけをつくっていくのです。このときに生まれる言葉によるコミュニケーションが，次のかかわりをもう一歩進めるための伏線になります。

　かかわりを深めていくためには，言葉によるコミュニケーションが不可欠です。しかし，自己紹介に代表されるように，いきなりみんなの前で自分について話すことは，いまの生徒たちの現状には合わなくなってきています。ですから，関係づくりの初期の段階では，役割交流を通して，自分のことを話さなくてもできるワークから始めて，できるだけ言葉を交わすことへの抵抗を軽減していくのです。このようにして，「話しかけても大丈夫そう」「話すと答えてくれる」という経験を積み重ねて安全感を高め，生徒同士の関係をあたためていきます。

◻③関係をつくるワーク

お互いが共有することをつくる（浅い自己開示）

　お互いが顔見知りというレベルから，もう一歩かかわりを進めるときには，「お互いが共有することをつくるワーク」が効果的です。

　お互いが共有することから関係は始まります。例えば，部活は何に入ろうと思っているのかとか，よく見るテレビ番組は何なのかなどを知っていることが，「部活どうした？○○に入ることにしたの？」「昨日，テレビに○○が出てたよね。見た？」などと会話を始める材料をもつことになります。

　かつての生徒の多くは，少し顔見知りになれば，会話の中で共有することを探しながら会話を普通に進めていくことができたかもしれません。しかし，それをうまくできる生徒が少なくなったのであれば，関係をつくるワークによって，きっかけを投げ込んでいくことが必要になったのだといえるでしょう。

　このとき大切なのは，お互いに「相手がそれを知っていることを知っている」ことです。まったく予期しない人に自分のことを知られていて話しかけられたら驚きますし，相手がそのような反応をすることがわかっているから，話しかけることに抵抗をもつのです。

　本ワークショップでは，「自分もみんなのことを少し知っているし，みんなも自分のことを少し知っている状態」をつくる場面を設定し，お互いに少しだけ知っている者同士という関係をつくります。それが会話を始めるときの安心感につながり，かかわりをもう一歩進めることになるのです。

　もちろん，「みんなと仲よくしなくてはいけない」などと言うわけではありません。いうなれば，単なる顔見知りレベルから，もしかかわりたいと思うならば会話を始めることもできるレベルに関係をあたためておく，という考え方です。

無理なく自己開示を促進する（少し深い自己開示）

　かかわりをさらに一歩進めるためには，いくぶん深くお互いのことを知り合うことが必要です。

　例えば，自分の生い立ちや個人的な悩みなども話せる友達とは，かなり親しい関係だといえるでしょう。そのような親しい関係に進むプロセスには，どちらかが少し個人的なことを自己開示し，相手がそれを大切に受け止めながら自分の考えや価値観，個人的な経験などを自己開示しながら応じるといった，いくぶん深くお互いのことを知り合うやりとりが存在します。ただ知っているというレベルから，個人的な内容も知っているというレベルに進むことが関係を深めていくことになります。

　そのような個人的な事柄や心の内面について知り合うためには，そのことをあえて話す自己開示が必要になります。関係ができてくると自然に少しずつ自己開示をしながら関係をつくっていくことを身につけている生徒たちであれば，このような段階は必要ないでしょう。しかし，そうでない実態がある場合は，意図的に少し深い自己開示を促すようなワ

ークを通して，やや深くお互いのことを知り合う機会を設定することが効果をもってきます。

　例えば，「今年の漢字」というワークでは，自分の願いや思いなど，自分の価値観にふれるような内容について，無理なく交流させる機会を設定しています。

　価値観や生き方など，個人の内面にかかわる内容の自己開示には心理的抵抗が伴います。ですから，このようなワークは，自己開示をしてよいという安心感がある状況でないと，うまくいかないばかりか傷つきを生むことにつながりかねません。そのため，少し深い自己開示を伴う自分のことを話すワークは，①「緊張をほぐすワーク」で不安を低減し，②「関係をつなぐワーク」で自分のことを話さずにできるコミュニケーションを体験し，③「関係をつくるワーク」で浅い自己開示を体験しながら，かかわってもよいという安心感ができたこの段階で，初めて行うことになります。

　安心感がないところで，自己開示を無理に迫る自己紹介型のオリエンテーションがうまくいかなくなった理由はここにあります。方法は間違っていないのかもしれませんが，生徒の実態が，心理面や社会面，身体面の発達がしっかり保障されていて，関係づくりの仕方も学んでいる場合でなければ成り立たない方法なのです。

　本ワークショップでは，このような実態に応じて，ていねいに段階を踏んで，慎重に方法を選びながら自己開示を促す方法をとるのです。

◻ ④伝え合うワーク

肯定的な関心を表出させる

　かかわりをつなぐことができたところで，その関係を維持するためには，生徒たちが，それぞれの関係性の中にかかわりのよさを感じたり安心感をもったりすることです。「かかわってはみたが，きつい対応が返ってきた」「かかわっても大丈夫という予期ができない」といった場合には，かかわりは維持されません。

　本ワークショップでは，伝え合うワークを通して，お互いに肯定的な関心をもっていることを感じさせることで，居心地のよさの感覚を生徒たちにもたせていきます。同時に，そのような安心感を伝え合い，居心地のよさの感覚を確保しながら，かかわる方法を教えていくのです。

◻ **全体を通して徹底すること「ソーシャルスキルの再学習」**

　本プログラムの各ワークでは，あいさつ，「聴く・話す」のスキル，「どうぞ」「ありがとう」の言葉遣いなどのソーシャルスキルの要素を，生徒の実態に応じて取り入れていきます。ソーシャルスキルが身についている生徒たちの場合には，最初に確認する程度でよいのですが，身についていない生徒の実態があれば，ワークごとに徹底して反復します。これには，人とかかわるときのルールやマナーを確認しながら，対人関係上の不安を喚起しないようにする意図があります。

　あいさつや，笑顔，声のトーンなどで相手に安全のサインを送ることは，かかわりのはじめにとても重要です。さらに，感謝を伝えたり謝ったりすること，相手の話を聴いたり自分の考えや思いを伝えたりすることは，重要なスキルです。しかし，生徒同士の関係の中ではおろそかになっている場合が多く，出会いのときの関係の構築を阻害することがあります。ですから，学校生活のスタートで学ばせるのです。

　このようなかかわり方の基本は，人とのかかわりの中で経験的に学ぶものです。そこで，本ワークショップでは，ワークの説明やワーク中にスキルを教示し，モデルを示すとともに，ワークの中で実際に使わせることで，その必要性を感じさせていくプロセスを大切にします。生徒の実態によっては，ソーシャルスキルの再学習をターゲットにしたワーク（「印象は行動で決まる」→122ページ）をプログラムの中に含めます。

　何より本ワークショップでは，あたたかく肯定的な相互のやりとりを意図的に設定します。ワーク中，生徒自身があたたかい雰囲気の中でスキルを使ったときに，周りからポジティブな反応を得ることで，「このスキルを使いながら生活していこう」という思いを強化することができるのです。

学習したスキルの般化

　スキルを学習しても，実生活の中で使う段階でよい結果が得られなければ，そのスキルを使わなくなってしまいます。ですから，これから始まる学校生活で，学習したよいスキルを使おうと動機づけられるかは，スキルを使ってかかわったときに「よかった」と思えるあたたかい肯定的な人間関係があるかにかかっているのです。入学時にスキルの再学習を行うだけではなく，あたたかく肯定的な雰囲気をつくっていくことは，その後のスキルの遂行が連鎖するという好循環を生み出すことになるのです。

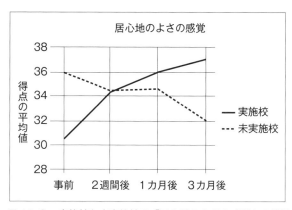

　生徒の「居心地のよさの感覚」をワークショップ実施校と未実施校とで比較すると，実施校が入学初期から3カ月後にかけて上昇していくのに対して，未実施校では1カ月後以降，落ち込みが始まることが示されています。

Table 8　実施校と未実施校の「居心地のよさの感覚」の推移（→169ページ）

第4節

生徒も教員も安心・安全に行うための「枠づくり」

■構成的グループエンカウンターにおける「枠を与える」とは

本ワークショップでは，各ワーク自体は生徒，教員ともに負担のないように，遊びの要素を含んだ簡単にできる活動を中心に構成しました。その分，枠をつくり，この枠を徹底することを重視しました。

「枠をつくる」という考え方は，「構成的グループエンカウンター」（→52ページ）の着想から得ました。構成的グループエンカンターの「構成」とは，「枠を与える」という意味です。これは，「枠を与えられたグループの中で，枠を与えられたエクササイズを体験し，与えられた時間とトピックという枠の中で体験をシェアし合うという意味」（國分，2000）です。以下，『構成的グループエンカウンター事典』（國分康孝・國分久子総編集，図書文化刊，2004）より，構成的グループエンカウンターの「枠を与える（構成）」ことについての説明を抜粋します。

構成的グループエンカンターでは，おもな枠として，「グループのルール，グループサイズ，グループの構成員，時間制限，エクササイズをする際の条件」の五つをあげています。また，これらに加えて，「子どもの理解力に合わせる構成」「集団の状態に合わせる構成」「ねらいが深まる構成」等についても言及しています。

枠を与える意図については，以下の六つをあげています。

①参加しやすいエクササイズから始め，メンバーの心的外傷を予防する。

②ワークショップの始めはエクササイズの時間を短めにし，のれない人に配慮する。

③グループサイズを小グループから始め，段階的にリレーションをつくる。

④エクササイズを気持ちのゆさぶりの浅いものから深いものへと配列し，ワークショップの目標達成をステップ・バイ・ステップにする。

⑤構成的グループエンカウンターを効率的かつ効果的に進める。

⑥リーダーやメンバーのもち味を生かす。

構成のポイントとしては，「自由度，グループサイズ，メンバーの組み合わせ，時間，活動のレベル，活動内容」などの視点があげられています（河村，2000）。

■本ワークショップにおける「枠をつくる」とは

生徒も教員も安心・安全に行うための枠づくり

　前述のように，本ワークショップにおける「枠をつくる」（枠づくり）という考え方は，構成的グループエンカウンターの「枠を与える」をもとにしています。さらに，配慮が必要な生徒も安心して安全にワークに取り組めることを考えた結果，より具体的な観点で整理しました。本ワークショップで意識して行う「枠づくり」（構成）の観点は，おもに以下の七つにまとめられます。

> ①かかわる範囲
> ②グループサイズ
> ③活動時間
> ④役割・行動の判断
> ⑤身体を使うワーク──言葉を使うワークのレベル
> ⑥自己開示のレベル
> ⑦ソーシャルスキルの遂行

　ここでは，「①かかわる範囲」を例に考えてみましょう。2人組をつくるときに，新しいクラスメートとペアになる抵抗感に配慮しゲームを取り入れて楽しさを感じさせながら偶然出会ったもの同士をペアにする（品田，2004）という方法は，ある目的においてはとても有効だと思います。いっぽう，本ワークショップの実践校の中には，配慮が必要な生徒が多いところもあり，この場合，配慮が必要な生徒同士がペアになる可能性があります。そして，プログラムの最初の段階であるペアをつくるところでつまずくと，特に，発達的な課題を抱える生徒に負担をかけることになり活動が停滞することが予想されます。また，たとえ T2 がいたとしてもイレギュラーな動きをする生徒が多くなり，その対応に追われることになる可能性もあります。したがって，本ワークショップにおける「①かかわる範囲」では，出身中学校などの属性や配慮が必要な生徒などを考慮して事前に2人組，4人組を設定しておくことにしました。このように事前にグルーピングをすることにより，生徒は見通しをもつことができ「だれと組むのか」という不安感が下がるのです。また，これは全員が平等に体験を得ることにもつながります。

　そしてこのことは，結果的に，初めて実施する教員がもつ不安（→14ページ）である「グルーピングの不安」や「生徒への介入の不安」にも対応することになります。教員にとっても枠があることで活動の見通しが立ち，生徒の動きや反応の予測をたてやすくなります。つまり，生徒の安心・安全のために徹底した「枠づくり」は，教員にとっても安心して安全にワークショップを実施することにつながるのです。教員側に立った「枠づくり」については，教員の役割分担（→20ページ）やワークの進め方（→90ページ），T1・T2 の虎の巻（→94ページ）などに示しました。

①かかわる範囲

| 指示された人とグループになる | ⬌ | 自分で探してグループになる |

　「いまから近くの人とグループになってください」という指示は，入学したばかりの生徒集団には基本的に NG です。なぜなら，お互いに気を遣ったり牽制したりして，不安や緊張が生まれてしまい，活動の停滞につながるからです。

　そこで本ワークショップでは，事前にグルーピングを済ませ，かかわる相手を明確に指示して活動させることによって，かかわる際の安心感を確保しながら進めます。同時に，生徒に活動の安心感を確保することは，その活動をさせる教員に対する信頼感をもたせることにつながり，ワークショップの進行を支える重要な要素となります。

　「事前のグルーピング」（→ 86ページ）によって，配慮が必要な生徒と一緒に活動できそうな生徒を組ませることによって，教員も安心してワークを進行できます。また，大規模の中学校から多くの生徒が入学してくる高校の場合は，ほかの出身校の生徒と組ませて交流させ，人間関係の固定化を防ぐなど，ねらいに照らしたグルーピングを行うこともできます。

②グループサイズ

| 2人 | ➡ | 4人 | ➡ | 8人 | ➡ | 男女別 | ➡ | クラス全員 |

　入学当初で知り合いが少ない状況では，多くの人数とかかわることに対する不安や心理的抵抗をもちやすくなります。そのため本ワークショップでは，1対1でかかわる2人組からかかわりを始めさせます。そして，その知り合った2人の単位を崩さず，2人組同士を組み合わせることで4人組にします。このように，段階を踏んでグループサイズを大きくしていきます。

③活動時間

| 短時間・テンポよく | ➡ | 時間を確保・じっくり |

　集団で活動することになれていない生徒や活動意欲の低い生徒が多い場合は，同じ活動を長い時間させることはむずかしく，活動への集中が途切れたときに不安や緊張を生み出してしまいます。実態に応じて活動時間を設定し，生徒たちの中に「まだこの活動続けるの？」という雰囲気が生まれる前に，時間を区切りながらテンポよくワークを進めることが基本です。

　いっぽう，ワークショップ終盤で，「今年の漢字」といった，創作活動ののち，やや深い自己開示を伴うワークを実施する場合は，十分に時間を確保したり，T1 や T2 がモデルを示したりすることが大切です。

④役割・行動の判断

| 判断少ない（単純・指示される） | ⟷ | 判断多い（やや複雑・指示少ない） |

　役割や行動が明確になっていて，これから取り組むワークで具体的にどのようなことをするのか見通しがもてると，ワークへの抵抗は低減されます。役割が明確でないまま進めると，何もしない生徒が出てきてしまうことになりがちです。そのため本ワークショップでは，簡単なルールで何をすればよいのかわかりやすいワークを選び，役割・行動を明確にしたワークから始めていきます。

⑤身体を使うワーク──言葉を使うワークのレベル

おもに身体を動かす　➡　おもに言葉を使う

　あいさつをして自己紹介するような言葉や会話だけを用いて進めていく活動は，少なからず不安や緊張，ときには恐怖が生じます。このような不安や緊張，恐怖などを感じることを止めることはむずかしいものです。しかし，ゲーム性の高い身体を動かすワークにより，不安や緊張を低下させることができます。また，こうしたワークは，身体を動かすことに集中し，不安や緊張などを意識せずに活動しやすくなります。本ワークショップでは，おもに身体を使うワークから始めて，徐々にかかわりづくりのレベルを上げていきます。

⑥自己開示のレベル

ない　➡　浅い自己開示　➡　少し深い自己開示

　お互いに知り合って間もない関係の中で，自分の価値観や内面にかかわる内容を話すような自己開示を求められると，不安や緊張が高まるものです。本ワークショップでは，自己開示を伴わない言葉を使ったワークを十分にさせたあとに，自己開示のレベルを上げるワークを慎重に入れていきます。

　例えば，「サイコロトーク」（→130ページ）のお題シート1では，まず，「好きな食べ物（または好きな飲み物）」などの浅い自己開示から始めて，自分のことを語ることをグループのメンバーに受け入れられる経験をさせます。そのあとに，お題シート2の「今年1年の目標」「もしも願いがかなうとしたら」など，自分の価値観や内面にかかわる少し深い自己開示レベルの活動に導くといったぐあいです。

⑦ソーシャルスキルの遂行

教示する　➡　教示しない（自分で考えて使う）

　初めて会った者同士がかかわる場面は，距離を調整しながら徐々にお互いが知り合ってよい関係をつくっていくためのソーシャルスキルが求められます。そのような関係づくりのスキルが身についていない生徒が多いときに，無理にかかわらせようとすると不安をもったり緊張を強めたりするため，かかわること自体に抵抗が生まれてしまいます。また，

場に合わない方法によって関係をつくろうとする生徒が出てくると，集団全体の雰囲気が悪くなり，かかわりづくり自体が困難になります。

　そこで，本ワークショップでは，具体的に必要なソーシャルスキルを教示して再学習させます。ワーク中の生徒の様子をみながら，自然によいソーシャルスキルを使っている生徒の姿を全体に紹介して賞賛することによって「教示・モデリングから実行←→フィードバックと強化」というように，ソーシャルスキルの再学習が促されるようにしていきます。

◪ ワーク内容とプログラムにおける「枠づくり」（構成）

　本ワークショップの「枠づくり」（構成）は，おもに二つに分けられます。

---
①ワーク内容に関する構成
②プログラムに関する構成──「集団の実態に応じた構成」
　　　　　　　　　　　　　　　「段階をつくる構成」
　　　　　　　　　　　　　　　「集団の実態に応じた構成」×「段階をつくる構成」

---

①ワーク内容に関する構成

　本ワークショップでは，生徒の実態に応じてワーク内容を次のように考えます。

　例えば，かかわりに不安や緊張をもっていて言葉を使ったかかわりへの意欲が低い生徒の実態がある場合は，あらかじめ決められたペアを使って（①かかわる範囲：指示された人，②グループサイズ：2人），テンポよく展開でき（③活動時間：短時間），わかりやすく，身体を使ったゲーム性のあるワーク内容（④役割・行動の判断：少ない，⑤身体を使うワーク──言葉を使うワークのレベル：おもに身体を使うワーク，⑥自己開示のレベル：ない）にします。

　いっぽう，かかわることへの抵抗が少なく，言葉を使ったかかわりへの意欲が高い生徒の実態がある場合は，決められたペア同士を組み合わせた4人組で（①かかわる範囲：指示された人，②グループサイズ：4人），ゆったりと（③活動時間：時間を確保），言葉を使うワークを中心とした自己開示を伴う内容（④役割・行動の判断：多い，⑤身体を使うワーク──言葉を使うワークのレベル：おもに言葉を使うワーク，⑥自己開示のレベル：少し深い），にします。

　その際，本ワークショップ全体を支えるソーシャルスキルの再学習についても，育てたいソーシャルスキルを一から教えなければならない生徒の実態がある場合は，教員が自らモデルを見せながら指示をしてあいさつレベルから行わせる（⑦ソーシャルスキルの遂行：教示する）内容にします。

　いっぽう，すでに基本的なソーシャルスキルを身につけている生徒が多い実態であれば，再学習させたいソーシャルスキルを使っている生徒の姿を全体に紹介して賞賛することによって，教示しなくても自然に行われるソーシャルスキルをモデリングさせながら再学習を促す（⑦ソーシャルスキルの遂行：教示しない）場面が生まれるワーク内容にします。

②プログラムに関する構成

集団の実態に応じた構成

　集団の実態を把握するためには，アセスメントが重要になります。例年入学してくる生徒の実態と，配慮が必要な生徒の実態を把握することが大切です。そのうえで，先ほどのワーク内容に関する構成と基本的には同じ要領で，不安が強い生徒が多い場合は，安心感を得られるよう少人数のワーク（①かかわる範囲：指示された人，②グループサイズ：2人）を中心に行うようプログラムを構成します。いっぽう，言葉を使うかかわりに抵抗が少ない生徒が多ければ，多くの人とかかわれるよう多人数交流（②グループサイズ：4人，④役割・行動の判断：多い，⑤身体を使うワーク──言葉を使うワークのレベル：おもに言葉を使うワーク，⑥自己開示のレベル：少し深い）を図るなど，生徒の実態に応じたプログラムを構成します。また，ワークシートの文言を工夫するなど，生徒の理解力に応じた構成も必要になります。

段階をつくる構成

　プログラムの作成時には，用いるワークを「枠づくり（構成）」の観点で選択し，全体の流れをつくっていきます。まず，決められたペアで行うアイスブレイクのワークを用いてテンポよく進めます（①かかわる範囲：指示された人，②グループサイズ：2人，③活動時間：短時間，④役割・行動の判断：少ない，⑤身体を使うワーク──言葉を使うワークのレベル：おもに身体を使うワーク，⑥自己開示のレベル：ない）。

　そして，次に，決められたペアをもとにした4人組で（①かかわる範囲：指示された人，②グループサイズ：4人），役割や作戦を相談したり自分のことを話したりするワークへと展開していきます（④役割・行動の判断：多い，⑤身体を使うワーク──言葉を使うワークのレベル：おもに言葉を使うワーク，⑥自己開示のレベル：少し深い）。その際，内容に合わせて活動時間を保障しながらじっくりと取り組ませるようにしていきます（③活動時間：時間を確保）。

集団の実態×段階をつくる構成

　集団の実態に合わせて段階の調整をします。配慮が必要な生徒が多い実態であれば，「緊張をほぐすワーク」を多く取り入れて（⑤身体を使うワーク──言葉を使うワークのレベル：おもに身体を使うワーク），不安を十分に低減させてから次の段階に入ります。逆に，言葉を使ったかかわりへの意欲が高く生徒間に差がない実態であれば，「緊張をほぐすワーク」と「関係をつなぐワーク」に時間をかけることなく，「関係をつくるワーク」と「伝え合うワーク」（⑤身体を使うワーク──言葉を使うワークのレベル：おもに言葉を使うワーク）に移ります。

　このように，生徒の実態に合わせて効果的なプログラムを構成しましょう（→第2章）。

　以上のように，枠をつくりそれを徹底することが，生徒と教員がともに安心・安全に実施でき，かつ効果的・効率的なワークショップの実現につながるのです。

かかわりづくりワークショップの基盤

◨本ワークショップの基盤となる考え方

　グループアプローチとは「小集団の機能・過程・ダイナミックスを用いる各種技法の総称」（野島，1999）であり，その目的は，集団活動の体験を通して，自己の成長や教育，治療，人間関係のつくり方や改善，組織開発などです。

　本ワークショップでは，この考え方に基づき，楽しい活動を通して，教員と生徒，生徒同士のお互いのよい働きかけにより，人とかかわるよさ，人間関係づくりの仕方などを，入学直後の生徒に体験的に学ばせます。生徒は，「友達はいいものだよ」と言われても実感を伴って理解するのはむずかしいものですが，体験を通してそれを実感することができます。

　本ワークショップは，さまざまなグループワーク等の技法を組み合わせることで，教員の声と生徒の実態を踏まえ，そのニーズに応えることを大切にしながら，入学当初の適応支援をめざしています。目的や背景理論，さまざまな技法を組み合わせることで，支援を必要とする生徒やグループアプローチにあまりなじみがない教員でも，「安心して，安全に」取り組めるよう工夫しました。

　以下，本ワークショップが基盤としているグループワークの技法やキーワードを取り上げて，それぞれの概要と本ワークショップでの活用について，簡単に説明します。

◨本ワークショップが基盤としている技法・キーワード

構成的グループエンカウンター

　構成的グループエンカウンターとは，リーダーの指示した課題をグループで行い，そのときの気持ちを率直に語り合うことなどを通して，徐々にホンネを表現し合い，それを互いに認め合う体験を深めていくものです（國分，2000）。

　リーダーは参加者の自己開示が促進されるように，「構成」を行います。この「構成」とは，前節で説明したように，参加者の状況に応じて，リーダーが，エクササイズ（課題）を選定し，グループのルール，グループサイズ，グループの構成員，時間制限，エク

ササイズをする条件等について枠を与えることです。

活用の特徴

　本ワークショップでは，初めて行う教員が安心して取り組めることをめざした結果，構成的グループエンカウンターの「枠を与える」という考え方を重視しました。生徒はもちろん教員にも「枠をつくる」ことにより，生徒も教員も「安心して，安全に」ワークショップに取り組むことができると考えています（→ 47ページ）。

　また，本ワークショップは，最近の入学期の生徒の実態を踏まえて，緊張・不安の解消を第一とし，かつだれでも安全に行えることを考慮しました。その結果，深い自己開示を伴うワークは行わないこととしました。さらに，自己開示のレベルについては，「しない」→「浅いレベルの自己開示」→「少し深い自己開示」と段階を踏んで行えるよう構成しました。

ソーシャルスキル・トレーニング

　ソーシャルスキル・トレーニングは，社会的スキルを高める介入を直接行い，その結果として，仲間関係を上手に築き，学校への適応感を高めることをめざしています（大対，2011）。

　従来，ソーシャルスキル・トレーニングは，学校適応等の問題を抱える児童生徒を対象として個別に行われてきましたが，最近では学級不適応を予防する目的で，学級集団を対象に実施されています（例：江村・岡安，2003，本田・大島・新井，2009）。

活用の特徴

　本ワークショップでは，生徒の人間関係づくりに，「ソーシャルスキルの再学習」という視点を取り入れます。そこで，各ワークにソーシャルスキルの学習を統合して行っています。以下の三つのソーシャルスキルを取り入れます。

　一つ目は，基本的なスキルを獲得したのちに高度なスキルを学んだほうが定着しやすいという研究（本田ら，2009）を踏まえ，「相手の話を聴く」「相手に話をする」といった基本的なスキルの学習を取り入れます。

　二つ目は，人間関係を開始し，良好な関係を維持するためのスキル（相川・佐藤，2006）として「あいさつのスキル」を取り入れます。

　三つ目は，中学生以降では「配慮のスキル」を全体で再学習し，確認したうえで「かかわりのスキル」を学習させることが必要であるという指摘（河村，2003）を踏まえ，「配慮のスキル」を取り入れました。具体的には，活動の中で「失礼します」「どうぞ」「ありがとう」の言葉を使用するように構成します。

　また，本書には，ソーシャルスキルの学習を中心とするワークとして「印象は行動で決まる」（→ 122ページ）を収録しています。

　グループワーク・トレーニングでは，「協力する」ということが具体的にどうすることかを体験的に学べるように，グループで解決する活動を行うものです（日本学校グループワーク・トレーニング研究会，2016）。

　具体的には，ワークシートや情報カードを課題解決に用いながら，コミュニケーションの阻害要因などについて気づきを促します。中でも，グループの一人一人のもっている情報（情報カードに書かれた内容）をもとに，それぞれの情報を伝え合い，協力して情報を組み立てて課題を達成する活動は，他のグループアプローチにはみられないものです。振り返りは，課題解決のプロセスに注目します。

活用の特徴

　本ワークショップでは，グループワーク・トレーニングを自分のことを話さなくてもできる「関係をつなぐワーク」として活用しています。

　具体的には，情報カードを使ったゲーム「私たちのお店屋さん」（→ 116ページ）を採用しています。このワークは，自分のもっている情報を伝えないと解決にいたらないため，どんな生徒でも発言を通じて協力せざるを得ないのですが，私的な内容を発言する必要はなく，コミュニケーションのハードルを低く設定しているところがポイントです。

対人関係ゲーム・アイスブレイク・その他（昔ながらの遊び等）

　対人関係ゲームでは，遊びやゲームを通じて人と人とが人間関係を発展させて集団づくりをしていくことをめざしています（田上，2003）。対人関係ゲームには，5種類のゲーム（交流する，心を通わす，協力する，役割分担し連携する，折り合う）があり，これらを学級集団づくりの目的に応じて行います。

　アイスブレイクとは，初対面の人同士が出会うときや，話し合いを始めようとするときに起こる緊張感（アイス）を，一気に壊していく試みや手法のことです（青木，2013）。

　昔ながらの遊びには，わらべうたに合わせて，全身を動かしたり，手遊びをしたりするものがあります。わらべうたは，子どもが心地よいと感じるリズムに，きれいな日本語をのせて昔から歌い継がれてきたものです。この中には，「かごめかごめ」「おしくらまんじゅう」「なべなべ底抜け」などがあります。

活用の特徴

　対人関係ゲーム，アイスブレイク，昔ながらの遊びに共通している理論は，Wolpe（1958）が提唱した「逆制止理論」です。逆制止とは心理療法の一種で，不安や緊張と両立しない情動反応や身体運動反応によって，不安反応をなくすことです。対人関係ゲームでは，この理論を背景にしていることを明確にしています。

　本ワークショップにおいても，「緊張をほぐすワーク」を行う背景を説明するときにこの理論を使って説明します。

　「高校生には幼稚ではないか」という疑問をもつ方にも，逆制止理論を用いて説明する

ことで，協力を得られたことが少なくありません。

認知行動療法

　ふだんの生活の中で「考えたり」「行動して」いることが，その人の生活を邪魔する悪循環をつくり出すことがあります。

　認知行動療法とは，この「考え（認知）」や「行動」の悪循環に気づき，よい循環を築くことを促進するための心理療法の総称です。「どこかが変われば，ほかのところも変わっていく」という考え方に基づき，効果が出やすいと思われるところから働きかけていきます。

　集団に所属していると，「悪循環」につながる行動を引き起こすきっかけが他者からの影響による場合もありますし，ある行動に対してよい結果を他者が与える場合もあります。このように集団が対象となる場合，認知行動療法としてグループアプローチが用いられることがあります。

　詳しくは，56ページをご覧ください。

学校臨床心理学

　臨床心理学とは，心理的な問題や不適応行動，精神障害や心身症などの治療や援助について研究する学問領域です。

　臨床心理学では，人の心は，深いところに本心が隠されているのではなく，表に出ている気持ちも奥にしまっている気持ちもどちらも本心であるととらえます。そして，たとえ不適切なものであっても，人の行動には理由やそれによって得られる利益があるという姿勢をとります。学校臨床心理学は，特に学校で起こる問題に注目するものです。

　人は，他者とかかわるとき，心の底からすべてをさらけ出すのではなく，「これくらいを出そうかな」「これくらい出したいな」「これくらい出しておけばいいかな」とそのつど判断しています。この判断を相手や状況などに応じて瞬時にできるのが上手に人間関係をとれるということです。

　「表現されたものはすべて本心の一部」と尊重して扱う臨床心理学の考え方は，グループワークの中で生起される参加者の心理状態を理解するうえで役に立ちます。

　詳しくは，59ページをご覧ください。

認知行動療法の視点からみた，かかわりづくりワークショップ

認知行動療法における集団に対する心理的支援

　臨床心理学におけるアプローチの一つに，認知行動療法があります。

　人は考えながら行動して生きています。その中でだれしも失敗の経験はあるはずです。それにもかかわらず，「自分はダメな人間だ」と考えて，仕事や学校に行きたくなくなってしまい，「こんな自分はやっぱりダメ人間だ」と思ってしまう。この悪循環のダメージがすぐに回復できれば問題ありません。しかし，実際に仕事や学校を休み，それが一定期間続いて日常生活に支障をきたすようになると問題ととらえることができるでしょう。

　こうした悪循環に結びつきやすい認知や行動の「クセ」に気づいて，良循環につながる認知や行動のレパートリーを増やすように働きかけることが，認知行動療法の特徴といえます。

　認知行動療法では，個人だけでなく学級などの集団も働きかけの対象となります。集団への効果を考えて，だれにどのような働きかけが有効か，行動にはどのような機能があるのかを明らかにするためのアセスメントを行ったうえで，具体的な支援方針を確立させていきます。そのため，同じような特徴をもつ集団であっても，同じ手続きを選択するとは限りません。この対象とする視点については，本ワークショップと共通する部分があるといえます。

認知行動療法の視点に基づくかかわりづくりワークショップのポイント

　高校入学時の生徒は，期待だけではなく不安や心配も抱えていることが予想できます。このような中で行う本ワークショップは，段階的に対人関係上のスキルの習得を促すとともに，徐々に不安に直面化することで不安の軽減を図り，その後の不適応を防ぐことをねらいとしています。これは，認知行動療法でよく用いられるソーシャルスキル・トレーニングやエクスポージャー（曝露療法）といわれる手続きと共通する部分があります。

　例えば，本ワークショップにおけるソーシャルスキル・トレーニングでは，明確な行動の「型」を提示しています。具体的には，「サイコロトーク」での「どうぞ」や「ありがとう」等の話し方が，行動の「型」を示しています。このような「型」の提示は，どのように行動していいのかがわからない，再学習が必要なタイプの生徒に有効であり，入学当初の段階で，高校生に求められる「型」を提示することは，大変有効であると思われます。こうした手続きは，認知行動療法におけるソーシャルスキル・トレーニングで用いる手続きのロールプレイでも，留意しているポイントの一つです。

　また，エクスポージャーでは，少しずつ不安の高い刺激に曝して不安に慣れたり，不安

を抱えていてもするべき行動ができたりすることを目的とした段階的曝露という手続きがよく用いられます。

　同様に本ワークショップも，①緊張をほぐすワーク（おもに身体を使って行うゲーム性の高いワーク），②関係をつなぐワーク（自分のことを話さなくてもできるワーク），③関係をつくるワーク（自分のことを話すワーク），④伝え合うワーク（人間関係をあたためるワーク）というように，段階的な構成がなされています。喚起される不安が比較的低い「緊張をほぐすワーク」からスタートすることにより，生徒の心理的負担の軽いものから徐々にかかわりを深めていく工夫がなされています。

T1 を教員が担うことで可能となる「継続的支援」

　これらを継続的な視点で考えると，T1（進行役）を心理の専門家ではなく，教員が行うこともポイントといえるでしょう。例えば，ワークで示している「型」が提示だけで終わると，その場限りになってしまい，実際の対人場面における応用力が育たないことになります。さらに，教員側の提示した「型」に即した行動をとる生徒は，「先生のご機嫌取り」という評価を受けてしまうこともあるでしょう。

　このような課題に対して，教員が継続的に支援できることが重要です。具体的には，「行動のレパートリーを増やす」「行動を選択する基準を身につける」の二つの視点を養うことに重きを置いた，以下のような支援が必要になります。

行動のレパートリーを増やす

　これは，目的を達成するための選択肢をたくさんもっておく，ということです。

　例えば，イライラしたときに，「その場を離れる」という選択肢しかもっていない生徒は，授業中や部活動中などのその場を離れられない状況では，対処ができません。これは，行動のレパートリーが少ないために起こる問題です。それに対して，「深呼吸する」「違うことを考えて気を逸らす」「授業や部活動に集中する」「友達や先輩，先生などに相談する」など多くのレパートリーをもっていれば，特定の選択肢を実行できない場合でも，対処できるようになります。

行動を選択する基準を身につける

　しかし，レパートリーをたくさんもっていても，適切に選択できなければあまり意味がありません。レパートリーを選択する際には，実際にその行動がとれるか（実行可能性の評価），その行動は問題の解決に有効か（有効性の評価）といった視点で検討を行います。この評価の視点をもつことも，適切な行動選択には欠かせない要素です。

不安への慣れに関する段階を授業で生かす

　また，本ワークショップでの不安への慣れに関する段階を，その後の通常の授業の中でも生かすことができます。

　例えば，本ワークショップで体験したことを生かし，グループで出た意見について発表させたいという場面を考えてみましょう。まず，あらかじめ生徒がノート等にまとめた自

分の意見を，一度グループで話し合わせます。それをグループの意見として，教員が机間巡視で確認したうえで発言を促すのです。これは，挙手して発言するという生徒の心理的負荷を軽減し，「発言の不安に慣れるという支援」を，継続的に続けることにもつながります。

　このように，本ワークショップの活動は単発で終わるものではなく，そこで培ったことが学校生活において人間関係づくりや授業への取り組みに活用されるところに意義があるといえるでしょう。

かかわりづくりワークショップの有効性を高める工夫

　今後，多くの学校で本ワークショップを実践していただくためには，これまで蓄積されてきた本ワークショップの効果がなぜ得られたのかをていねいに説明する必要が出てくるかもしれません。

　認知行動療法では，結果としてどうなったか，というゴールだけではなく，なぜそのゴールにつながったのか，というプロセスの評価を重視しています。例えば，「不安が下がった」がゴールであれば，「状況に慣れて脅威度が下がった」ことを確認するのが，プロセスの評価にあたります。

　このような考え方は，「エビデンス・ベイスト」といわれ，心理的な支援だけではなく，医療などでも重視されています。かぜ薬に期待する効果として熱を下げる，というときに，なぜ効果があったのか，を説明するのが，「イブプロフェンが含まれる」などの薬の成分になるわけです。その場限りの支援の中では，ゴールに到達できればいいのですが，実証性・再現性を担保するためには，このプロセスの評価が重要になるわけです。本ワークショップにおいても，このプロセスの評価を明確にしていくことが求められるでしょう。

　また，認知行動療法は，これまで「パッケージ」と呼ばれるような，だれがやってもだれにやっても一定の効果が得られることが強調されてきました。しかし，そのような効果には，ずいぶんと制約が生じることも指摘されています。そこで最近は，対象の特徴を十分に把握したうえで調整して提供する，「オーダーメイド」「最適化」という点が留意されるようになってきました。

　同様に，本ワークショップにおいても，これまで蓄積されてきた効果を振り返り，集団を把握するための手だてと，プログラムの最適化のための手続きを明確にすることで，さらなる効果が期待されるのではないでしょうか。その効果に応えるため，ニーズに合わせてさまざまな選択肢を提供できるような発展が不可欠であるといえるでしょう。

（小関俊祐・桜美林大学准教授）

Column

臨床心理学の視点からみた，かかわりづくりワークショップ

入学期の生徒の心理状態

入学期に過度に緊張をする生徒たちは，入学前は，あーでもない，こーでもないと不安を膨らませて考え込んでしまいます。そして，いざ入学して新しい人間関係の中に入ると，相手のことを正しく知らなければ，また，自分のことを知ってもらわなければ友達になれない，と考えるクセがあります。さらに学校生活が進むと，自分のことを周囲がどう思っているのか気を揉み，疲れ果ててしまうのです。

この状況に対応するため，人は相手のことをもっと深く知ろうとする方向で努力してしまうのですが，それがむしろ不適応をもたらしていることを，生徒にはもちろん先生方にも理解してほしいと思います。

このとき必要なのは，「人のことは深くはわからないんだよ」「自分のことだって，ほんとうのことはわからないんだよ」という割り切りなのです。

また，入学する生徒の中には，「別の高校に行きたかったな」と思っている者も少なくないでしょう。しかし，それだけが本心かと熟考すると，「でも，いまはここでがんばるしかない」という気持ちにも気づくはずです。矛盾する気持ちのどちらが本心なのだろうと考えますが，簡単には結論は出ないものです。それは人の心が複雑だからです。

そして，その複雑さはお互いさまなのです。「複雑×複雑」ですから，相手のことを深く正しく理解することなど，夢のまた夢でしょう。だからこそ，「深く正しく知ることが重要ではない」という割り切りも必要だということになるのです。

かかわりづくりワークショップがめざしているもの

ラッキョウの皮はどれだけ剥いても，「ほんとう」にはたどり着けません。だから，むずかしく考えるのをやめ，最初の1枚目の皮を理解することで満足することが大切です。

本ワークショップは，「友達に関する単純で表面的な情報を少しだけ獲得する」と同時に，「『友達に関する単純で表面的な情報を少しだけ得ることで満足する』という姿勢が友達を増やす」ということ自体を，生徒たちに教えているのではないでしょうか。

大切なことは，このワークショップが終わったときに，「少し知ることができたから満足だ」とか「少しわかったのだからもう友達だ」と思えることなのです。

いっぽう，ワークショップでリーダー（教員）が深入りしすぎると，取り組み自体の難度が上がるだけでなく，「より深く知ることが大切だ」「正確に理解しなければ友人にはなれない」というメッセージを，生徒たちに伝えてしまうことになります。

特に配慮が必要な生徒（適応できていない生徒）には，「深く知るべき」「正確に理解す

るべき」の「べき」が，活動をより不自由にさせます。指示されたその課題に真正面から取り組み，妥協できないからです。そのような生徒たちには，「浅くて表面的なところで留める」ことを教えたほうが，よほど気が利いています。

どうやって「割り切り」をさせていくのか

しかし，生徒たちは幼いころから，「より深く知ることはよいことだ」「労力を惜しまないことが正しい姿勢だ」と周りの大人たちから教わり，それを信じてきました。ですから，生徒たちに「割り切り」をさせるのは，そうたやすいことではありません。

ここで注目すべきが，本ワークショップの仕組みである，「自らや相手を探索させるという労力を，行動化で無駄遣いさせることで，余分なことを考えさせない」という点です。

単純なワークを繰り返すことは，自然に「そんな面倒なことは考えなくてもいいんだ」という雰囲気をつくり出します。ワークへの「熱中」は，その集団に対する警戒心や不安を棚上げさせることになります。

この「熱中」は，居心地のよさを増やします。これは，「深く考えないこと」の代替行動ではありません。「深く考えないようにしましょう」という指示は，逆に，「考えること」に意識をよりいっそう集中させることになります。そして人は，「○○をしない」という指示を受け入れることは苦手です。そこには，何をしたらよいのかの提案がないからです。ですから，指導者側が「考えさせない」ように工夫するのです。

ポイントは，単純なワークをテンポよく繰り返し，相手の深いところを考えることをやめさせ，目の前のワークの課題だけに集中させることなのです。そして，そのワークの課題が，あたかも他者を理解したかのような特徴をもっているので，関係がよくなったり，深まったりしたかのような「割り切り」を提供してくれるのです。

このとき，適応的な生徒たちは，浅くて表面的なコミュニケーションを成立させる推進役としての機能を果たすと同時に，割り切りよく適応するモデルとしての機能を果たしていると考えられます。適応的な生徒と配慮が必要な生徒とを同じグループにする意味は，そこにあるのだと思います。

本ワークショップで導入しているソーシャルスキルも，同様のことがいえます。

例えば，「サイコロトーク」でサイコロを渡すときに「どうぞ」と言い，受け取るときに「ありがとう」と言わせます。本来の「ありがとう」は，「有難う」，つまり，「このような機会はめったにないものとして理解しました」という価値づけの言葉です。日常では，生徒は意味のあることを言おうとするし，「ありがとう」と言うのにふさわしい行為だったのかと考えます。

しかし，本ワークショップでの「ありがとう」に意味はありません。本来の意味からするとふさわしくないかもしれないのですが，このとき「ありがとう」には，「ああ」とか「うん」程度の意味しかないのです。サイコロを渡すときは「どうぞ」という言葉を発すると，そしてそれを受け取るときにはなんでもいいから何か声を出すと，世の中では上手

にコミュニケーションがとれる，ということを体験するのです。

「公的なかかわり」への目覚め

　本ワークショップでは，世の中はきわめて表面的なものであることと，その表面的なものが人間関係の潤滑油になっていることと，そのように割り切ることの利益を伝えているのではないでしょうか。

　本ワークショップでつくろうとしているのは，「私的なかかわり」ではなく，「公的なかかわり」であるともいえます。しかし，もしかしたら実施している側も，私的なかかわりと公的なかかわりを区別していないかもしれません。

　クラスや学年は，たまたまそこに集められた，しょせんは人工的につくられた公的なかかわりにすぎません。小学校の低学年の時期には，あえて，その公的な関係を私的な関係と混同させ，集団をつくってきたのです。

　しかし，高校生に成長した生徒たちに対して必要なのは，公的なかかわりの中でいかに適応的になるか，あるいはそう見せるか，という課題への取り組みであって，心底深いかかわりをつくり出そうとすることではないはずです。

　この私的・公的の区別のない中で，生徒たちは苦しんでいるのです。おそらくイメージの中にあるのは，小学校の低中学年までの無邪気でくったくのない人間関係と感情でしょう。それを信じて疑わない生徒たちは，相手のことを心底知ろうとして動きがとれなくなっているのです。

　本ワークショップでは，ほんとうは，「公的なかかわりづくり」を教えているのです。

（山本　奬・岩手大学大学院教授）

第**2**章

実態に合った
プログラムのつくり方

プログラム作成の視点と実践例

◉ プログラム作成の視点と手順

　プログラム作成は，①実施可否の判定，②配慮が必要な生徒の確認と対応の検討，③時間，場所の決定，④参加可能な教員の数と役割配置の決定（T1 ができる教員数，T2 の数と配置）の順に進めます。

①ワークショップの実施可否

　ワークショップの安全な実施には，教員の指示で生徒にルールを守って活動させることに不安がないことが前提です。新入生の情報とあわせて，例年の生徒の状況を，対人関係や不安感の視点から整理して，生徒の傾向や印象を言語化して検討します。

②配慮が必要な生徒の確認と対応の検討（生徒の実態）

　学習面・行動面・家庭状況・心身の健康状態・入学予定者との人間関係等，生徒に関する情報を中学校から事前に聞き取り，配慮を検討します。特に下記（表）の観点で情報収

配慮が必要な生徒の情報収集の観点と対応のポイント

情報収集の観点	対応のポイント
小規模校（単学級）の出身者	中学校からの情報をもとに，ワーク後もクラスでつながれそうな生徒，配慮できそうな生徒を同じグループにするなどグルーピングで対応する。
不本意入学の生徒	ワークに積極的でないことが予想される。グルーピングで，この生徒と同調しないような生徒と組ませる。ワーク中の抵抗については T2 が対応する。
不登校，不登校傾向の生徒	中学校からの情報をもとに，グルーピングで対応する。配慮ができそうな生徒，積極的に声をかけてくれそうな生徒などをグループに入れる。
発達に課題のある生徒	教員の指示が通りにくい生徒が各クラスに複数名いる予想であれば，内容や指示をスライドで作成し，視覚的に示す。自分のことを話すワークについて，事前に活動内容をワークシートで示し，発表の際は記入済みのワークシートを読み上げてもよいこととする。こうした生徒を支援する T2 を確保することも重要。
いじめ，虐待，被災等の心的外傷を経験した生徒	不安感の喚起やものごとの受け取り方に個人差がある場合がある。例えば，いじめ被害にあった経験のある生徒は，人の反応を敏感に受け取る場合がある。そのため，T1 はルールやマナー違反があった場合は全体で取り上げ，T2 はグループ内での対人関係上のマナーをその都度確認する。

集を行い，グルーピング時に配慮します。

　これらのような配慮が必要な生徒の割合が高い場合，活動の比は次のようになります。

> 緊張をほぐすワーク＞自分のことを話さないワーク＞自分のことを話すワーク

③時間，場所の決定（物理的条件）

実施できる時間は？──生徒の実態に合わせて検討します。例えば，十分なアイスブレイクをしないと不安感・緊張感が軽減できない生徒が多い場合，短時間の実施では目的が達成できません。1日（6時間）かけて行うことが理想ですが，ワークの展開をテンポよく行うことや，ワーク自体のバリエーションの検討も大切です。

実施できる場所は？──生徒の実態と人数によって場所を検討します。例えば，身体を動かすワークを十分行いたい場合には，特別教室等が適しているでしょう。ただし，1クラスだけで体育館で行うと集団の密度が低下し，T1が統率するのがむずかしくなります。言葉を使うワークを多く行う場合は，教室で行うとよいでしょう。

各場所のメリットと検討事項

場所	メリット	検討事項
教室	・生徒への配慮が行き届きやすい。 ・物品の配布に時間がとられない。 ・クラスの一体感が得られやすい。	・T1を行う教員を各教室に配置できるか。または，T1を行うための校内研修ができるか。 ・身体を動かすワークは，内容が限られてもよいか。 ・スライド資料を提示する場合，プロジェクター，スクリーンの数をそれぞれの教室に用意できるか。
特別教室	・身体を動かすワークが行いやすい。 ・生徒への配慮が行き届きやすい。 ・物品の配布に時間がとられない。 ・一体感が得られやすい。	・T1を行う教員を各教室に配置できるか。または，T1を行うための校内研修ができるか。 ・スライド資料を提示する場合，プロジェクター，スクリーンの数をそれぞれの教室に用意できるか。
体育館	・身体を動かせるワークが行いやすい。 ・T2の協力があれば，T1をする教員が最低1名いればできる。 ・人数によって，身体を動かせるワークを入れやすい。 ・学年の一体感が得られやすい。	・T1を複数用意して交代で行うか。 ・スライド資料を提示する場合，大きなスクリーンを準備できるか。 ・学年の人数によっては活動内容に制限が出てくるが大丈夫か（例：「なべなべ底抜け」で，学年全体で輪をつくるのはむずかしい）。 ・全体を指示するT3（全体の統括者）の配置が可能か。

④参加可能な教員の数と役割配置の決定（教員配置）

　T1をできる教員がクラス数と同人数いる場合は，クラスごとの実施が可能になります。いっぽうで，クラス数と同人数いない場合は，学年や2クラス合同などによる実施を検討します。このときに，校内体制としてT2の人数を最多でどのくらい配置できるのかも検討します。

■各プログラムの概要

　69ページから，実際に高等学校で実施された本ワークショップのプログラムと，実践校の報告を紹介します。生徒の実態に応じて作成されたプログラム実施形態の概要をまとめたものが下表です。また，実際のワークについては，第3章で詳しく説明しますが，イメージをつかんでいただくため，次ページにワークの概要を掲載します。

各プログラムの生徒の実態・物理的条件・教員の役割一覧

	プログラム⑥	プログラム⑤	プログラム④	プログラム③	プログラム②	プログラム①
生徒の実態	生徒の学力、家庭生活などが多様	配慮が必要な生徒の割合がかなり高い	ソーシャルスキルの再学習が必要	進学校人とかかわりたい	配慮が必要な生徒の割合が低い（教室で実施）	配慮が必要な生徒の割合が低い（体育館で実施）
ねらい	多様な生徒に対応し時間をかけて不安を軽減	マイナス感情のリセットとプラスのスタート	行動の大切さの再学習	短時間での多人数の交流	生徒がサポートし合える関係づくり	クラスがえのないクラスでのかかわりづくり
所要時間	三時間（一五〇分）×二日間	六時間（三〇〇分）	二時間（一〇〇分）	一時間（五〇分）	二時間（一〇〇分）	二時間（一〇〇分）
場所	校内の特別教室	校内の合宿施設	教室	教室	教室	体育館
参加人数	クラスごと	学年全体　約二五名	クラスごと	クラスごと	クラスごと	学年全体　約二四〇名
実施時期	入学式翌日と翌々日	入学式翌日	入学式翌日	入学式三日以内	入学式三日以内	入学式三日以内
役割	T1とT2を正副担任三名が交代で実施	担当T1教育相談担当T2を各グループに配置	T1とT2を正副担任二名が交代で実施	T1担任T2副担任	T1とT2を正副担任二名が交代で実施	T1外部講師T2学年団
生徒への資料提示	スライド	紙板書	紙板書	なし	スライド	スライド
事前研修	T1とT2の研修	T1とT2の研修	T1とT2の研修	なし	T1とT2の研修	T2の研修

66

かかわりづくりワーク一覧

領域	ワーク名	概要	言葉※1	接触
緊張をほぐす	ジャンケンチャンピオン	制限時間内にペアでジャンケンをし，勝った回数を競う。	―	―
	足ジャンケン	足を使ったグループ対抗のジャンケン。	―	○
	全身ジャンケン	全身を使ったグループ対抗のジャンケン。	―	○
	カウント77	グループになり，条件に従って順番に77まで数える。	―	―
	牛男と馬子	物語の中に出てくる「うし」「うま」というキーワードをきっかけに，相手の手を挟んだり，挟まれないように逃げたりする。	―	○
	なべなべ底抜け	グループ全員で輪になり，歌に合わせて，手をつないだまま体の向きを変える。	―	○
	フラフープリレー	グループ全員で手をつないで輪になり，フラフープを一周させ，グループ対抗で速さを競う。	―	○
関係をつなぐ	○○と言えば	お題を聞き，メンバーが答えそうなことを想像して，いっせいに言う。	△	―
	新聞紙パズル	バラバラに切った新聞紙を，グループで相談しながら元に戻す。	△	―
	新聞紙タワー	決まった枚数の新聞紙を使い，グループ全員で協力しながら高いタワーを作る。	△	―
	私たちのお店屋さん	自分のカードの情報をメンバーに伝え，情報を共有しながら協力して時間内に地図を完成させる。	△	―
SST※2	印象は行動で決まる	教員のロールプレイをみて，ソーシャルスキルについて考える。	△	―
関係をつくる	質問ジャンケン	ペアでジャンケンをし，勝ったほうが質問を選び互いに質問し合う。ペアをかえて同様に行う。	○	―
	サイコロトーク	グループで1人ずつサイコロを振り，出た目の内容について話す。	○	―
	アドジャントーク	上記のサイコロの代わりに手指を使う。	○	―
	今年の漢字	願いや思いを表す漢字一文字を考えて自分のイメージに合わせて書き表し，その理由を話す。	○	―
伝え合う	いいとこ四面鏡	一緒にワークを行ってきたメンバーの印象を振り返り，他者のいいところを伝え合う。	○	―
	クロージング	各自で振り返りシートに感想を記入し，グループ内で発表する。	○	―

※1　言葉＝言葉を使うワーク（自己開示なし△／自己開示あり○）・言葉を使わないワーク（―）
　　　接触＝接触的（○），非接触的（―）
※2　SST＝ソーシャルスキル・トレーニング

◙ プログラム作成の視点のまとめ

　本節でプログラムの作成について解説していますが，下記の②から④の要素は，相互に影響し合うものです。かかわりづくりワークショップでは，「生徒の実態に応じて」という要素に加えて，教員も「安全に安心して」実施できるように，物理的条件（時間や場所）と教員の配置（T1の力量やT2の配置）を見立てたうえでプログラムを作成します。

　例えば，プログラム2（→70ページ）は，配慮が必要な生徒の割合は低いのですが，教室で正副担任がT1を交代で行うことから，打ち合わせの結果，無理なくできる範囲として「関係をつくるワーク」が一つだけにしました。また，プログラム5（→73ページ）は配慮が必要な生徒の割合がきわめて高いのですが，T1が全体を1人で遂行可能であり，かつ4人グループにT2を1名配置できることから実施にいたりました。この学校の場合，もしT2が配置できなかったら，「実施はできない」と判断したと思います。教員がルール違反を注意したとき，悪態をつく，反抗するなどの行為などがある場合，他の生徒の安心と安全を守ることができません。この状態で交流をさせると傷つき体験をする生徒がでたり，今後の関係性に大きな影響を与えたりするため，実施はできません。

実態に応じたプログラムを作成するための視点

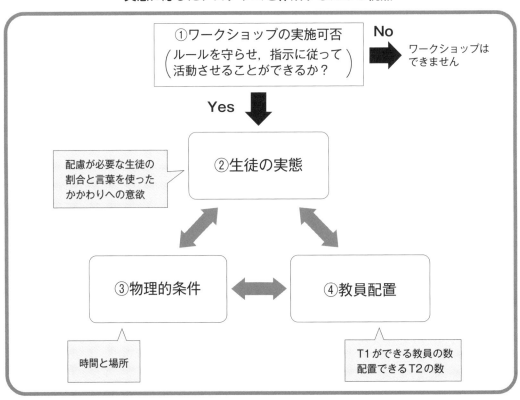

プログラム❶

体育館で行う2時間WS

■プログラムの構成（100分）

ワークの領域		ワーク名	時間（分）	グループサイズ
	1	オープニング	5	全体
緊張をほぐす	2	ジャンケンチャンピオン	5	2人組
	3	足ジャンケン	10	2人組→4人組
	4	なべなべ底抜け	15	2人組→4人組→8人組→学級→学年
	5	牛男と馬子	5	2人組
関係をつなぐ	6	○○と言えば	5	2人組
	7	新聞紙パズル	10	4人組
関係をつくる	8	アドジャントーク	15	4人組
伝え合う	9	いいとこ四面鏡	25	4人組
	10	クロージング	5	4人組

実践報告：ワークショップの翌日からあいさつが増えた

■**学校・生徒のこれまでの傾向**——部活動が盛んな進路多様校で，さまざま地域から入学します。全国クラスの運動部に入部する生徒の多くは，3年間クラスがえのない学級に在籍するため，人間関係がこじれると修復がむずかしく，不登校になるケースもあります。

■**ワークショップ導入のねらい**——関係づくりの第一歩として緊張をほぐしたいと思い，言葉を使わないワークを中心にプログラムを構成しました。教員が運動部の活動などで準備や打ち合わせの時間を確保しにくいことから，専門性の高い外部講師がT1を，教員がT2を担当するという形で取り組みました。

■**ワークショップ中の様子**——体育館を使い，学年全体（約240名）で取り組みました。T1（外部講師）の元気な自己紹介からワークショップが始まり，生徒も一気に引き込まれ，積極的に参加できました。配慮が必要な生徒（吃音）も躊躇なく発言していました。「新聞紙パズル」では，速いグループはテープを切る係・貼る係など役割分担が自然に行われ，遅いグループは役割分担が円滑に行われるようにT2（担任）が支援しました。

■**ワークショップ以降の様子**——「入学時の校内移動は一人だったけど，明日の朝はあいさつできそう」「入学直後に男女ともに話す機会ができてよかった」という意見があり，実際にグループ単位での行動や男女関係なくあいさつをする様子がみられました。本ワークショップの成果かは明らかではありませんが，現在は全体的に学力が高く，落ち着いて学習に取り組んでいます。欠席や転部，対人関係などのトラブルが少なく，不登校の生徒はみられず，不適応を主訴としてスクールカウンセラーにつながる生徒も少ない傾向です。

教室でできる2時間WS

■プログラムの構成（100分）

ワークの領域		ワーク名	時間（分）	グループサイズ
	1	オープニング	5	全体
緊張をほぐす	2	ジャンケンチャンピオン	5	2人組
	3	牛男と馬子	5	2人組
関係をつなぐ	4	○○と言えば	5	2人組
	5	新聞紙タワー	15	4人組
	6	私たちのお店屋さん	20	4人組
関係をつくる	7	サイコロトーク	15	4人組
伝え合う	8	いいとこ四面鏡	25	4人組
	9	クロージング	5	4人組

実践報告：支え合える関係づくりのきっかけに

■**学校・生徒のこれまでの傾向**——進学校でしっかりした生徒が多い一方，コミュニケーションが苦手な生徒，学習や適応に苦戦して不登校になる生徒がみられます。

■**ワークショップ導入のねらい**——授業でも生徒同士が互いにサポートし合えるような人間関係をつくり，生徒同士の支え合い，学習や適応に時間のかかる生徒への支援などにつなげたいと考えました。生徒の意欲や学力の幅を考慮し，各教室で行う身体的ワークを中心にプログラムを構成しました。また，サイコロトークのお題を「好きな教科」など回答のばらつきが小さいものに設定し，よりいっそう会話の安全性を担保しました。T1，T2の役割は正副担任2名が交代で実施しました。

■**ワークショップ中の様子**——積極的に参加し自ら楽しんで活動する生徒たちの様子がみられました。自己開示せずに行えるワークである「私たちのお店屋さん」では，どのグループも地図を完成させようと，みんなで意見を出し合っていました。

■**ワークショップ以降の様子**——入学直後に相手を否定せず受け入れる大切さについて共通認識をもてたことで，高校生活のスタートをよい形で切れた生徒が多かったと感じます。ワークショップをきっかけに，悩んでいる友達を支えられる生徒が多数いることもわかりました。クラスの雰囲気はよく，授業でのグループワークもスムーズに行えます。例年，中学から不登校傾向にあった生徒は，ゴールデンウィーク明けにその傾向が出ていましたが，本年度は連休が明けても欠席する生徒は少ない状況でした。教員と生徒間でもコミュニケーションがうまくとれていると感じます。

進学校にオススメ！ 最短1時間WS

■プログラムの構成（50分）

ワークの領域		ワーク名	時間（分）	グループサイズ
緊張をほぐす	1	オープニング	3	全体
	2	ジャンケンチャンピオン	3	席ごと2人組
	3	カウント77	3	席ごと4人組
関係をつなぐ	4	○○と言えば	3	席ごと4人組
関係をつくる	5	質問ジャンケン	10	教室の2列ごと
	6	サイコロトーク	15	席ごと4人組
	7	今年の漢字	10	席ごと4人組
伝え合う	8	クロージング	3	席ごと4人組

実践報告：早期の内面交流がよりよい人間関係へ

■**学校・生徒のこれまでの傾向**——勤勉な生徒が多い進学校です。「異性を含むたくさんの人とかかわりたい」という様子が感じられる一方で，学習面・活動面でのつまずきや，対人関係のつまずきで不登校となる生徒が，毎年数名います。

■**ワークショップ導入のねらい**——きっかけさえあれば自分たちで関係づくりができる生徒が多いため，多くの生徒と交流できるワークを取り入れました。指導者の時間確保がむずかしいことから，簡単な打ち合わせでも可能なワークを選び，実施の際は，教員の介入を最小限に抑え，生徒が主体的に活動できるようにしました。

■**ワークショップ中の様子**——オリエンテーション中の1時間を利用し，T1を担任，T2を副担任が担当し，各教室で行いました。生徒は笑顔で活動に参加していました。「質問ジャンケン」では多くの生徒と交流し，「サイコロトーク」は浅い自己開示レベルにしたことで，配慮が必要な生徒も安心して話ができたようです。

■**ワークショップ以降の様子**——その後のクラス全体での自己紹介で「今年の漢字」とその理由を話すなど，発展させて活用するクラスもありました。振り返りシートでは，ほぼ100%の生徒が活動について効果があったと回答しました。人気の上位は，「質問ジャンケン」「今年の漢字」「カウント77」でした。自由記述では「人と話をするきっかけがあって助かった」「こういう機会を増やしてほしい」という内容が多くありました。入学早々には，例年多くの生徒が緊張しながら臨む本校独特の伝統行事がありましたが，「お互いがんばろう」と生徒同士で声をかけ合い，支え合う様子がみられました。入学後早い段階でワークショップに取り組めたことが人間関係づくりのきっかけとなり，その後のよりよい雰囲気につながったものと思われます。

対人行動のルールを共有する２時間 WS

■プログラムの構成（100分）

ワークの領域		ワーク名	時間（分）	グループサイズ
緊張をほぐす	1	オープニング	5	全体
	2	ジャンケンチャンピオン	5	2人組
	3	足ジャンケン	5	2人組（1対1）のみ
	4	牛男と馬子	5	2人組
関係をつなぐ	5	○○と言えば	5	4人組
ソーシャルスキル	6	印象は行動で決まる	50	4人組
関係をつくる	7	サイコロトーク	20	4人組
伝え合う	8	クロージング	5	4人組

実践報告：その後の指導が通りやすくなった

■**学校・生徒のこれまでの傾向**——素直な生徒が多い進路多様校です。いっぽうで生徒間での思いやりのない言動を契機に，不登校になった生徒もいます。大規模校出身の生徒の力が強く小規模校出身の生徒が遠慮している印象があります。

■**ワークショップ導入のねらい**——生徒の実態から，ソーシャルスキル・トレーニングを重視しました。思いやりのある言葉や行動の大切さを体験的に学ぶことは，人間関係づくりの支援になると考えました。入学翌日の実施により，異なる中学校出身者の交流ができるほか，教員の指導が通りやすくなることが期待されました。

■**ワークショップ中の様子**——各教室で，T1 と T2 を正副担任２名が交代で実施しました。活動中はルールの徹底を心がけました。「印象は行動で決まる」で，内心と態度のギャップをロールプレイで見せたところ，違いを理解できずにいる生徒がいたため，教員がインタビュー形式で理解を促しました。「気持ちはなくても表面上ていねいなあいさつをすればよい」という誤解を生まないために，生徒の受け止め方を見立てた表現の工夫の必要性を感じました。「冷たい言葉」に載っている言葉は，人を傷つける可能性のある「悪い言葉」であるという確認をしました。「新しい人と話をしよう」と伝えてグルーピングしたので，「ここでなら自分の思いを話してもいい」と思えたようで，新たな人間関係の中で感想を述べ合う姿がみられました。

■**ワークショップ以降の様子**——授業ではグループディスカッションや教え合いが自然にできるようになり，生徒同士で「どうぞ」「ありがとう」がはやって活用するクラスもありました。配慮に欠ける言動がみられたときも，本ワークショップで学んだ言葉遣いや行動の大切さを想起させただけで，生徒の行動に変容がみられました。

プログラム❺

強い対人緊張をゆっくりほぐす6時間WS

■プログラムの構成（300分）

ワークの領域		ワーク名	時間（分）	グループサイズ
	1	オープニング・名札作り	15	全体
緊張をほぐす	2	ジャンケンチャンピオン①	5	担任対生徒
	3	ジャンケンチャンピオン②	5	2人組①
	4	牛男と馬子	5	2人組①
	5	足ジャンケン	15	担任 VS 生徒 生徒 VS 生徒
		休憩	10	4人組①
関係をつなぐ	6	新聞紙パズル	10	4人組①
	7	私たちのお店屋さん	20	4人組①
関係をつくる	8	サイコロトーク①	20	4人組①
伝え合う	9	いいとこ四面鏡①	25	4人組①
	10	前半のクロージング	20	4人組①
		昼食		4人組①
緊張をほぐす	11	なべなべ底抜け	15	2人組②→4人組② →8人組→全員
	12	ジャンケンチャンピオン	5	2人組②
	13	ゴリラとゴジラ※1	5	2人組②
	14	全身ジャンケン	10	4人組②
関係をつなぐ	15	新聞紙タワー	20	4人組②
	16	ムシムシ教室の席替え※2	20	4人組②
関係をつくる	17	サイコロトーク②※3	20	4人組②
		休憩	10	4人組②
伝え合う	18	いいとこ四面鏡②	25	4人組②
	19	後半のクロージング	20	4人組②

※1　「牛男と馬子」と同様のワーク。本書では説明省略。
※2　「私たちのお店屋さん」と同様のワーク。本書では説明省略。日本学校グループワーク・トレーニング研究会
　　『学校グループワーク・トレーニング3』（図書文化）に収録。
※3　「サイコロトーク」はマンネリを防ぐため，①と②でお題を変えた。

実践報告：生徒同士の距離が近づき，学習活動もスムーズに

■学校・生徒のこれまでの傾向——入学者は毎年25名前後です。中学校時に不登校や別室登校を経験したり，特別支援学級所属で特別支援学校への進学を考えたりした生徒が多数入学してきます。問題行動がある生徒はいませんが，全体的におとなしく，リーダー的存在になる生徒はあまりいません。また，新しい環境への不安が強く，学習面での困難さにより語彙力が乏しい生徒や，対人関係をつくるスキルが十分に身についておらず，人とかかわることに苦手意識をもっている生徒が多いのが現状です。

■ワークショップ導入のねらい——生徒の多くがさまざまな課題を抱えながら，これまで学校生活を送ってきました。高校入学を契機に，対人関係上の未学習や誤学習のマイナス部分をリセットし，プラスに転じるためのきっかけづくりが必要であると考えました。ワークショップの実施に際しては，①生徒自身が安心して取り組めること，②グループ体験で失敗させないこと，③ワークが楽しいと思わせること，この三つが重要であると考え，プログラムを構成しました。また，午前と午後で同じパターンを繰り返すことで，見通しをもてるようにしたり，ルールや実施方法の説明は紙板書を用いて視覚的にテンポよく伝えたり，十分な活動時間を確保したりするなど，生徒が理解して活動できるような手だてを整えたうえで取り組みました。

■ワークショップ中の様子——研修施設で実施しました。学年（約25名）で取り組み，各グループに教員が1人入りました。ワークを通してグループ内の緊張が徐々にとけ，和やかでよい雰囲気になりました。休憩や昼食などの時間帯もグループで過ごすことを指示したうえで，常にT1（教育相談担当の教員），T2（担任など）が生徒と一緒に過ごし，生徒同士をつなぐ役目を担いました。昼食時間に，午前中の生徒の様子をT1，T2で共有し，午後の対応方針の確認を行いました。午前と午後と同じプログラムを繰り返すことで，午前中に抵抗を示した生徒も午後には見通しがつき，ワークに参加できていました。活動を通じて，お互いが相手を思いやることで，居心地がよい空間が生まれました。具体的には，一声かけて物品を渡したり，感謝の言葉をつけ加えたりするたびに，場の雰囲気が柔らかくなりました。生徒の主体性だけに任せると，タイプの似た同士がグループとして固定化されてしまうため，事前にグループ編成を行い，短時間でいろいろな生徒とかかわりをもつようにしました。「実際に話してみると，最初にもっていた印象とは違った」といった感想から，人とかかわることのよさを生徒も実感できたようでした。

■ワークショップ以降の様子——ワークショップ実施前は，多くの場面で時間がかかる印象でした。しかし，ワークショップ後には，授業での聞く態度や学習に向かう姿勢が改善されたと感じます。また，初対面の不安を払拭できたことで，クラスの一体感を早期に形成でき，生徒同士の距離が近くなっていると感じます。教員側にとっては，生徒の実態を早期に行動から把握できたので，その後の対応に役立てています。

プログラム❻

学校適応感が低い生徒たちへの2日WS

■プログラムの構成（1日目）男女別グループ（150分）

ワークの領域		ワーク名	時間（分）	グループサイズ
	1	オープニング	5	全体
緊張をほぐす	2	ジャンケンチャンピオン	5	2人組①
	3	足ジャンケン	15	1対1→2人組①→4人組①
	4	なべなべ底抜け	15	2人組①→4人組①→全体
		休憩	10	4人組①
関係をつなぐ	5	○○と言えば	5	4人組①
	6	新聞紙タワー	20	4人組①
	7	私たちのお店屋さん	20	4人組①
関係をつくる	8	サイコロトーク	20	4人組①
伝え合う	9	いいとこ四面鏡	25	4人組①
	10	1日目のクロージング	15	4人組①

■プログラムの構成（2日目）男女混合グループ（150分）

ワークの領域		ワーク名	時間（分）	グループサイズ
	1	実施目的，ルール確認	5	全体
緊張をほぐす	2	ジャンケンチャンピオン	5	2人組②
	3	全身ジャンケン	10	4人組②
	4	フラフープリレー	10	8人組
	5	牛男と馬子	5	2人組②
関係をつくる	6	質問ジャンケン[※1]	10	2人組②
		休憩	10	4人組②
関係をつなぐ	7	ムシムシ教室の席替え[※2]	20	4人組②
関係をつくる	8	サイコロトーク	20	4人組②
	9	今年の漢字	15	4人組②
伝え合う	10	いいとこ四面鏡	25	4人組②
	11	2日目のクロージング	15	4人組②

※1　2日目のため，「質問ジャンケン」を4人組になる前の2人組の関係づくりとして行った。
※2　「私たちのお店屋さん」と同様のワーク。本書では説明省略。出典については73ページ参照。

実践報告：不安感の軽減と高校生活への適応に効果あり

■学校・生徒のこれまでの傾向——学力の幅が広い，進路多様校です。毎年，新入生の中には，中学校時に不登校傾向や不登校経験があった生徒がいます。家族的背景，経済的背景，自己肯定感の低さなどから，学校生活への不安が強いと思われる生徒がいます。また，対人関係上のルールとマナーが十分ではない生徒も多くいます。

■ワークショップ導入のねらい——対人関係上のルールとマナーの再確認のため，ソーシャルスキルを再確認しながら，時間に余裕をもって実施することを検討し，入学式の翌日と翌々日に設定しました（1日目午後，2日目午前の合計6時間）。1日目は，自己開示レベルの浅い，ゲーム的要素を含むワークを多く取り入れることにしました。2日目は，1日目と同じ段階を踏まえつつ，グループを男女混合にし，自己開示を伴うワークを多く取り入れることにしました。

■ワークショップ中の様子——校内の特別教室で，クラスごとに実施しました。教員の役割分担は，T1とT2を正副担任3名が交代で担当しました。1日目は男女別のグループで行いました。最初は「手汗がひどい」と身体接触に慎重な姿勢な生徒がいましたが，ワークが始まると楽しそうに行い，だんだん声を出して歌う様子がみられました。後半に進むにつれ「少しはずかしいけど，自分のよいところ，相手のよいところをちゃんと言えば素直になれる」「自分のいいところをほめてくれるという機会は，なかなかないと思った」といった感想が聞かれるようになりました。対人関係上のルールとマナーを確認したうえで，よりよい人間関係づくりをしていきたいという意欲へとつながったのではないかと感じました。2日目は，男女混合のグループで行いました。スタート直後から，前日よりも拍手の量が増え，賞賛しようとしている様子がみられました。ワークショップ全体を通して，1日目よりも2日目の雰囲気がやわらかくなった印象をもちました。これは，1日目と，2日目のプログラムをスモールステップで組み立てたことで，生徒が抵抗なくワークに参加できたことが要因だったように思います。

■ワークショップ以降の様子——振り返りシートを集約したところ，5段階評価で，プラス評価5と4を合わせると90%以上であり，ワークショップに対するネガティブな評価はありませんでした。互いの距離が近づいたと感じる生徒が多く，自己開示できたこと，相手を知ることができたことに対する満足度も高かったようです。いっぽう，おとなしい生徒の多いグループでは，「会話がはずまなかった」といった感想があり，グルーピングの重要性を改めて感じました。実施後の生徒の様子では，夏休み前までの欠席率は例年に比べて少ない状況であったことから，不安感の軽減と高校生活への適応に効果があったと評価しています。本ワークショップにより，スムーズに高校生活に入っていけたように感じます。また，ワーク中の視察から，学級経営や個別の早期対応に役立ちました。

クラス単体で行いたい場合

読者の中には，「このワークショップをやってみたいけれど，最初から学校・学年の協力体制をつくって行うのは，ハードルが高い。個人的にクラス単体でできないの？」と思われた方もいるでしょう。もちろん，教員が個人的（1〜2人）に，クラス単体で実施することもできます。

そのために，T1として「安心して，安全に」実施するためのポイントを再度押さえながら，実態に合ったワークショップの実施方法を考えていきましょう。

■ 教員が個人的に実施する際のポイント

ポイント1　実施形態の検討

以下の「T1としての力量」「配慮が必要な生徒（の割合）」「T2の配置」は，教員が個人的に行う場合の検討点であり，また，この三つは相互に関係しています。

例えば，T1としてのご自分の力量に不安がある場合や配慮が必要な生徒の割合が比較的高い場合には，T2を配置する必要があります。あるいは，協力を得られそうな教員がワークショップになじみがある場合は，その方にT1を担当していただき，ご自身はT2を務めるというやり方もあるでしょう。

T1としての力量——ご自身あるいはT1を務める先生が，どのワークならできそうかを確認します。自分自身が経験したり，見たりしたことがあるものは，実施に関するイメージをもつことができるため，工夫できる点や生徒への配慮点がみえ，アレンジしやすくなります。どのワークも経験したことがない場合，本書を手がかりにイメージできるワークは何かを確認してください。

配慮が必要な生徒（の割合）——クラス内の配慮が必要な生徒（氏名と人数）を確認します。T1のみで実施可能な人数と配慮の度合いなのか，T2を配置できれば実施可能なのかを判断します。

T2の配置—— T2を配置できるかどうかも大きなポイントです。副担任以外に依頼するのはハードルが高いと思います。時間割上，T2として参加が可能か確認し，可能な場合は，ワークショップのねらいを理解していただき，ワークを分担して実施可能かを検

討することになります。

ポイント2 場所の検討

教室で行う場合——座ったままでもある程度集中力が続き，言葉を使うワークができるクラスが対象です。プログラム2，3を参照してください。ワークショップ実施後の交流の促進を考え，グルーピングは座席順で行うとよいでしょう（→86ページ）。

教室以外で行う場合——身体を動かすワークを多く取り入れたいクラスは，広めの場所で行うプログラムが向いています。特別教室で行う場合はプログラム5と6，体育館で行う場合はプログラム1と序章のプログラムA（→22ページ）を参照してください。

なお，紙面で紹介した実践校が体育館を利用しているのは，学年全体での実施のためですので，教室で行う場合とプログラムの内容に大きな違いはありません。クラス単位で行う場合，生徒の人数に対して場所が広く，リーダーの指示が拡散してしまうため，体育館での実施はお勧めできません。

ポイント3 時間の検討

時間割の調整ができない場合，多くの場合50分での実施か，長くてもロングホームルーム等を合わせて100分になると思います。ポイント2の場所の条件も合わせると下記が参考になるでしょう。

・教室で行う場合：50分→プログラム3

　　　　　　　　　100分→プログラム2

・特別教室で行う場合：100分→プログラム1

ポイント4 「言葉を使ったかかわりへの意欲」の検討

生徒たちの，言葉を使ったかかわりへの意欲を見立て，上記のポイント1〜3の条件を検討した条件の中で，言葉を使うワークについての自己開示のレベル（自己開示なし，浅い自己開示，やや深い自己開示）を考慮して，ワークを選択しましょう。

ポイント5 実施上の工夫の検討

T1の指示が生徒に徹底できるように，ワークの内容をスライドか紙板書で作成し，ワークを遂行しやすいように，スライドのノートに指示（セリフ）や時間配分を記入するなど，事前準備で対応することもポイントとなります。

また，配慮が必要な生徒や中学校の違う生徒などを振り分けて，事前にグルーピングしておくことも大切です（→86ページ）。

ポイント6 ソーシャルスキルの再学習

担任として，生徒に再学習させたいソーシャルスキルを徹底することは，その後の授業や学級経営に有効です。

以下，時間があまりとれないという方向けに，50分で行えるプログラム例を，場所別（教室・特別教室）で紹介します。

プログラム❼　教室で行う1時間ワークショップ

　クラス単体で，教室を使って行う場合，「配慮が必要な生徒は，T1 または T2 が一緒であればできる人数とレベルであること」と「言葉を使ったかかわりへの意欲は，指示されれば行えるレベルであること」——以上の2点がクリアできているか，まず押さえてからプログラムの検討に入りましょう。

　なお，プログラム例❼と❽の各ワークは，多くの場合，第3章で紹介する展開例の設定より時間を短くしています。進行のポイントについては表内の「時短のコツ」を参考にしてください。

〔準備物〕
①新聞紙1枚を20ピースに切って角形2号サイズ封筒に入れたものをグループ数分。
②サイコロをグループ数分，トークのお題シートその1とその2をグループ数分。
③振り返りシートを人数分。
※このプログラムは指示しやすいものだが，もし，指示が通りにくい生徒が多いのであれば，スライド資料を作成する。

■プログラムの構成（50分）

ワークの領域		ワーク名	時間（分）	グループサイズ	時短のコツ
	1	オープニング	5	全体	大切にしたいルールを絞る。
緊張をほぐす	2	ジャンケンチャンピオン	2	2人組	勝った回数を段階的に確認せず，例えば，「10回以上勝った人」とだけ確認する。
	3	牛男と馬子	4	2人組	場が盛り上がり，T1 の声が通りにくくなったら，いったん集中させてから再開するとよい。
関係をつなぐ	4	○○と言えば	4	4人組	時間の超過が気になる場合，このワークはカット可能。
	5	新聞紙パズル	10	4人組	時間を超過しないよう，進んでいないグループを支援する。
関係をつくる	6	サイコロトーク	15	4人組	残り時間によってはお題シート2種類のうち①だけ行う。
伝え合う	7	クロージング	7	4人組	振り返りシート（→142ページ）の最後の設問だけ書かせ，それを読み上げて振り返ってもよい。

※2〜7はすべて席ごとに2人組あるいは4人組で行う。

　クラス単体で行う場合，「配慮が必要な生徒がT1またはT2が一緒であればできる人数とレベルであること」をまず押さえます。言葉を使ったかかわりへの意欲については，指示されれば行えるが，身体を動かすほうがより適している場合」には，特別教室を使うことを検討しまししょう。

〔準備物〕
①新聞紙５枚１組をグループ数分，セロハンテープ
②サイコロをグループ数分，サイコロトークお題シートその１をグループ数分。
③振り返りシートを人数分。
※このプログラムは特別教室で行うため，整列の仕方，どの２人組，４人組で行うのかを示した右のようなスライド資料があるとスムーズに進行できる。

今日の４人組（５人組）です。
前のペア　vs　後ろのペア

■プログラムの構成（50分）

ワークの領域		ワーク名	時間（分）	グループサイズ	時短のコツ
	1	オープニング	5	全体	座席表で視覚化し，整列の段階で２人組，４人組で座る。
緊張をほぐす	2	足ジャンケン	8	１人対１人→２人組対２人組→４人組対４人組	ジャンケンの回数を各１〜２回に減らす。
	3	なべなべ底抜け	10	４人組→８人組→（男女別→クラス）	時間の超過が気になる場合，４人組→８人組までとする。
関係をつなぐ	4	新聞紙タワー	15	４人組	進んでいないグループを支援する。
関係をつくる	5	サイコロトーク	7	４人組	お題シート２種類のうち①だけ行う。
伝え合う	6	クロージング	5	４人組	振り返りシート（→142ページ）の最後のみ書かせて，感想を伝え合う。

　なお，上記プログラム⑦⑧とも，50分構成ですので，25分かかる「いいとこ四面鏡」はプログラムに入れられません。後日，折をみて行うとよいでしょう。

第3節

プログラムのアレンジ方法

◉ プログラムの基本的な構造

　本ワークショップは，以下①～④のワーク４領域と関係づくりに必要なソーシャルスキルを再学習しながら定着させていきます。ワーク４領域の構成は，「生徒の実態×時間設定」によって，扱いに軽重が生じます。例えば，緊張や不安が強い生徒の実態があれば，「緊張をほぐす，関係をつなぐ」＞「関係をつくる，伝え合う」となり，言葉によるかかわりの意欲が高く，生徒間に差がない場合は，「緊張をほぐす，関係をつなぐ」＜「関係をつくる，伝え合う」になるということです。

実施前	グループの設定 準備物の用意	ワーク名と時間の目安（分）
導入	オープニング 　ワークとねらいの説明	オープニング（3～10分）
展開	①緊張をほぐすワーク 　身体を使って行う 　ゲーム性の高いワーク	ジャンケンチャンピオン（5分），足ジャンケン（5～20分），全身ジャンケン（5～15分），カウント77（3～5分），牛男と馬子（5～8分），なべなべ底抜け（15～20分），フラフープリレー（10～20分）
	②関係をつなぐワーク 　自分のことを話さなくても 　できるワーク	○○と言えば（3～5分），新聞紙パズル（10分），新聞紙タワー（15～20分），私たちのお店屋さん（20分）
	③関係をつくるワーク 　自分のことを話すワーク	質問ジャンケン（10分），サイコロトーク（15～20分），アドジャントーク（15～20分），今年の漢字（10～15分）
	④伝え合うワーク 　人間関係をあたためるワーク **クロージング** 　振り返りと体験のわかち合い	いいとこ四面鏡（25～30分） クロージング（3～15分）

ソーシャルスキルの再学習
――ワークショップ全般を通して定着を図る――

◼ プログラムの選択とアレンジのポイント

プログラム例から選ぶ

　本ワークショップを実施する際に必要となるプログラムは，第3章のワークの中から使用するものを選び，組み合わせて構成しますが，みなさんにより簡便に実施していただこうと用意したのが，本書掲載のプログラム例です。第2章1節の手順に従い，以下の九つのプログラム例の中から，「自校の生徒の実態×物理的な条件（確保可能な時間と使用可能な場所×教員の役割（T1の力量とT2の配置）」を考えあわせて，プログラムを選んでください。選択したプログラムがぴったり合っている場合は，そのまま使用して，ワークショップを実施しましょう。

プログラム例	プログラムの特徴	ページ
プログラムA	4人組主体の6時間ワークショップ	22
プログラム①	体育館で行う2時間ワークショップ	69
プログラム②	教室でできる2時間ワークショップ	70
プログラム③	進学校にオススメ！ 最短1時間ワークショップ	71
プログラム④	対人行動のルールを共有する2時間ワークショップ	72
プログラム⑤	強い対人緊張をゆっくりほぐす6時間ワークショップ	73
プログラム⑥	学校適応感が低い生徒たちへの2日ワークショップ	75
プログラム⑦	教室で行う1時間ワークショップ（クラス単体での実施向け）	79
プログラム⑧	特別教室で行う1時間ワークショップ（クラス単体での実施向け）	80

プログラムをアレンジする

　「時間と場所は合っているけれど，生徒の実態に合わない」など，選択したプログラムに合わない要素がある場合は，アレンジします。その際は，第1章4節の，「プログラムに関する構成」（→51ページ）の，「集団の実態に応じた構成」「段階をつくる構成」という二つの視点を軸にした考え方が参考になります。

　「集団の実態に応じた構成」とは，不安が強い生徒が多い場合は，緊張をほぐすワークを中心に行い，言葉を使ったかかわりへの意欲が高い生徒が多ければ，プログラム後半に少し深い自己開示を伴うワークを組み込むなど，生徒の実態に応じた構成をするということです。「段階をつくる構成」とは，「①緊張をほぐすワーク→②関係をつなぐワーク→③関係をつくるワーク→④伝え合うワーク」と段階を踏んで展開することや，人数をペアから4人，8人と徐々に増やしていくことなどがあげられます。「集団の実態に応じた構成」と「段階をつくる構成」の二つをかけ合わせ，集団の実態に合わせて段階の調整をします。配慮が必要な生徒の割合が高い実態であれば，少ない人数で，緊張をほぐすワークを多く取り入れて，不安を低減させてから次の段階に入る，ということです。言葉を使ったかかわりへの意欲が高い実態であれば，①と②のワークに時間をかけず③と④のワークに移ります。

　次に，プログラムのアレンジ方法について，プログラム①と③を例に説明します。

プログラム❶　「体育館で行う2時間ワークショップ」のアレンジ例

——人間関係が苦手な生徒に配慮した，言葉を使わないワーク中心の構成

　広い場所（体育館・特設教室）で実施する場合は，身体を使ったワークを組み込むことが可能です。以下の「なべなべ底抜け」のほか，「全身ジャンケン」「フラフープリレー」を組み込んでもよいでしょう。このプログラムは，

「緊張をほぐす，関係をつなぐ」＞「関係をつくる，伝え合う」

となっていますが，言葉を使ったかかわりの意欲が高い生徒が多い実態であれば，

「緊張をほぐす，関係をつなぐ」＜「関係をつくる，伝え合う」

として，下記のアレンジ例のようにワークを組みかえてもよいでしょう。

プログラム❶（→ 69ページ）

ワークの領域		ワーク名	時間（分）
	1	オープニング	5
緊張をほぐす	2	ジャンケンチャンピオン	5
	3	足ジャンケン	10
	4	なべなべ底抜け	15
	5	牛男と馬子	5
関係をつなぐ	6	○○と言えば	5
	7	新聞紙パズル	10
関係をつくる	8	アドジャントーク	15
伝え合う	9	いいとこ四面鏡	25
	10	クロージング	5

アレンジ例

言葉を使ったかかわりへの意欲が高く，生徒間に差がない場合

　例えば，「足ジャンケン」か「なべなべ底抜け」をカットして，関係をつくるワークの「質問ジャンケン」か「今年の漢字」を加えるか，「アドジャントーク」はより自己開示を伴うお題に変更してもよいでしょう。

プログラム❸　「教室で行う1時間ワークショップ」のアレンジ例

——言葉を使ったかかわりへの意欲が高く，生徒間に差がない場合の構成

　このプログラムは，配慮が必要な生徒の割合が低いため，関係をつくるワーク中心に組んでいます。ただし，時間が短いので20分以上かかるワークは組めません。配慮が必要な生徒の割合が高い場合は長時間確保したいところですが，確保できるのが1時間の場合，「緊張をほぐす，関係をつなぐ」＞「関係をつくる，伝え合う」として考えます。

プログラム❸（→ 71ページ）

ワークの領域		ワーク名	時間（分）
	1	オープニング	3
緊張をほぐす	2	ジャンケンチャンピオン	3
	3	カウント77	3
関係をつなぐ	4	○○と言えば	3
関係をつくる	5	質問ジャンケン	10
	6	サイコロトーク	15
	7	今年の漢字	10
伝え合う	8	クロージング	3

アレンジ例

配慮が必要な生徒の割合が高い場合

　多人数とかかわる「質問ジャンケン」と自己開示を伴う「今年の漢字」はカットして，「カウント77」の後に「牛男と馬子」を，「○○と言えば」の後に「新聞紙パズル」を加えてもよいでしょう。

では，ワークの領域ごとに，展開の特徴とプログラムをアレンジする際の観点ついて，みていきましょう。

◨ 緊張をほぐすワーク

　かかわりに不安や緊張をもつ生徒の実態がある場合は，不安感・緊張感を軽減するワークにいかに上手に取り組ませることができるかが，本ワークショップの成否を決めるといってよいでしょう。基本的な展開としては，最初にジャンケンを使った短時間のワークを行ったあと，それ以外のワークを行います。いずれも，テンポよく行うことで，不安を感じさせることなく，生徒の緊張をほどいていきます。

プログラムをアレンジする際の観点

　配慮が必要な生徒が多い実態であれば，緊張をほぐすワークを多く取り入れて，不安を十分に低減させてから次の段階に入ります。また，休憩後や，やや抵抗を生みやすい言葉を使うワークに導く際には，緊張をほぐすワークを組み込むとよいでしょう。例えば，プログラム⑤（→73ページ）の前半は「いいとこ四面鏡」で締めくくりましたが，昼食後は「なべなべ底抜け」で緊張をほぐすことから再スタートしています。

　言葉を使ったかかわりへの意欲が高く生徒間に差がない実態であれば，プログラム③（→71ページ）のように，緊張をほぐすワークと関係をつなぐワークに時間をかけることなく，関係をつくるワーク，伝え合うワークに移ることも可能でしょう。

◨ 関係をつなぐワーク

　関係をつくるワーク（自分のことを話すワーク）に無理なく導くために，前段階に，関係をつなぐワーク（自分のことを話さなくてもできるワーク）を設定します。

　この領域のワークは，お題を聞きメンバーが答えそうなことを想像していっせいに言うワーク「○○と言えば」のほかは，役割交流を伴うワークです（「新聞紙パズル」「新聞紙タワー」「私たちのお店屋さん」）。与えられたタスクがあれば，それをグループで遂行するために自然に役割が生まれます。役割という枠組みに守られた中で，生徒たちは安心して交流をスタートすることができるのです。

プログラムをアレンジする際の観点

　緊張・不安が強い生徒が多い，配慮が必要な生徒が多い，言葉を使ったかかわりへの意欲が低い生徒が多いという場合は，関係をつくるワークの前段階であるこの段階をていねいに行います。例えば，この段階のワークを複数本入れて，言葉を使うかかわりに慣れてきたころに，関係をつくるワークを１本入れるという感じです。

　いっぽう，配慮が必要な生徒が少なく，言葉を使ったかかわりへの意欲が高い生徒が多い場合は，関係をつなぐワークを１本入れたら，そのあとは関係をつくるワークを複数本入れる，という形も可能でしょう。

◧関係をつくるワーク

　初対面の者同士の関係づくりでは，①お互いに関心があるというサインを送り合い，②相手のことを知る機会を設定します。お互いに知っているという共有する事柄があるから，あいさつだけではない会話に発展するのです。これは「公的なかかわり」においても関係の潤滑油のはたらきをするでしょう。お互いに知っていることを増やし，安心感・安全感を確認し合うかかわりが自然と行われるように促していきます。

プログラムをアレンジする際の観点

　「質問ジャンケン」「サイコロトーク」「アドジャントーク」などのお題シートの内容について話をするワークでは，生徒の実態や実施時間によっては，浅い自己開示で済むお題を設定して安全性を高めます。「質問ジャンケン」の展開例（→128ページ）は，多人数交流を図る設定ですが，それがむずかしい場合は，メンバーを固定して行うか，小グループでもできる「サイコロトーク」か「アドジャントーク」にさしかえるとよいでしょう。

◧伝え合うワーク

　「いいとこ四面鏡」は，ワークシートの形容詞の中から相手の印象に合う言葉を選んでマルをつけ，それを伝え合うことで，自己への気づきを促します。あたたかい人間関係を感じさせる対人経験は，その後の生徒の学校適応を支えます。「クロージング」では，参加した感想を各自ワークシートに書き，グループでの振り返りを行います。記入した内容を読みあげさせることで，言葉を使うワークへの抵抗感を軽減します。

プログラムをアレンジする際の観点

　時間に余裕があれば，「いいとこ四面鏡」→「クロージング」という流れをつくるとよいでしょう。ただし，トータル50分程度のプログラムに，25分かかる「いいとこ四面鏡」を組み込んでも生徒は落ち着いて取り組めません。この場合，「いいとこ四面鏡」は後日，行事のあとなど折をみて実施するとよいでしょう。

◧ソーシャルスキルの再学習

　生徒の実態を見すえて展開を考えます。特にソーシャルスキルが身についていない生徒が多いのであれば，導入段階から，ソーシャルスキルの再学習を組み込み，教員がモデルになって，ワークショップ全体を通して繰り返し，学習を促進します。いっぽう，ソーシャルスキルがある程度身についている生徒たちであれば，ソーシャルスキルを上手に使っている生徒の姿を全体に紹介して賞賛することによって，モデリングさせながら再学習を促すという展開も考えられます。

プログラムをアレンジする際の観点

　特にソーシャルスキルの再学習を中心にプログラムを構成したい場合で，時間に余裕があれば，「印象は行動で決まる」（→122ページ）を組み込むことを検討します。

プログラム作成時の留意点

■事前にグルーピングを検討しておく

　プログラム作成時には，事前にグルーピングを行うことを念頭においておきましょう。事前にグルーピングを済ませたうえで，各ワークを展開することは，ワークショップ全体のスムーズな進行のために重要です。ポイントは以下の4点です。

①配慮が必要な生徒の対応の検討

　中学校からの情報で配慮が必要な生徒（→64ページ）を確認し，一緒に活動できそうな生徒と組ませます。4人組では配慮が必要な生徒が複数入らないようにします。

②その他の配慮事項の検討

　大規模の中学校から多くの生徒が入学してくる高校の場合は，他の出身校の生徒と組ませて交流させ，人間関係の固定化を防ぐとよいでしょう。グループを男女別か男女混合にするかも検討します。入学初期は男女別で行ったほうが，スムーズに活動できる場合が多いようです。ただし，言葉を使ったかかわりへの意欲が高い生徒が多い学校，運動部の生徒が多いクラスは，混合でも行える印象です。その場合，最初の2人組は男女別で，4人組では混合にするとよいでしょう。

③グルーピングと日常の座席を連動させる

　入学期の教室の座席は，出席番号順の配列が多いと思いますが，この場合，配慮が必要な生徒同士が近くになる可能性があります。そこで，日常の座席をワークショップのグループと一致させるとよいでしょう。これにより，配慮が必要な生徒や大規模校出身の生徒を分散できるとともに，ワークショップ後の交流が進むことになります。

④グループの人数合わせの検討

　人数が奇数になる場合，病欠等による当日欠席あるいは途中退席する生徒が出た場合のグルーピングについての対応も，事前に検討しておきます（→88ページ）。

⑤視覚的に伝える工夫の検討

　最初の整列や各ワークでのグルーピングについて，視覚的に整列の仕方がわかるようにスライドや掲示物を作成しておくなど，生徒が動きやすくなる工夫を検討します。

■時間超過した場合の調整を検討しておく

　ワーク展開時に時間を超過させない工夫と，超過した場合の対応も検討します。例えば，新聞紙を使ったワークや「私たちのお店屋さん」などでは，時間が超過しないよう，遅れているグループにT2が支援に入ります。「サイコロトーク」は残り時間によっては，2種類あるお題シートのうち，最初の1種類だけを行うといった対応を考えます。また，時間が超過した際に省略するワークも決めておきます。

　いずれにしても，時間超過によって最後の「伝え合うワーク」が中途半端に終わらないように，事前に検討しておくことが大切です。

プログラム作成 Q&A

Q1　ワークショップの時間があまりとれないのですが……？

 ワークを厳選してプログラムを組みましょう

●時間が十分にとれない場合

　オリエンテーションの中に，ワークショップの時間が十分に確保できない場合は，設定時間に実施できるように，ワークを厳選してプログラムを組みます。無理のない展開を工夫しながら，できれば，「③関係をつくるワーク」「④伝え合うワーク」も取り入れて実施したいところです。しかし，「①緊張をほぐすワーク」「②関係をつなぐワーク」を実施するだけでも，入学初期の生徒たちの関係性を良好にする効果があり，対人関係に起因する課題を抱えやすい生徒への支援になります。この場合，③と④は，その後の学校生活で，生徒同士のかかわりの機会をとらえて行っていきます。

●時間がまったくとれない場合

　この場合は，「①緊張をほぐすワーク」「②関係をつなぐワーク」をオリエンテーションの途中に組み込むことも考えられます。生徒の集中の様子をみて，息抜き的に数種類のワークを組み込みます。身体を動かすワークには，人の気分を変え，集中力を取り戻す効果があるので，集団のムードを一気に変えることができます。また，その後の学校生活における生徒たちの自然なかかわりを支援することにもつながります。

●ソーシャルスキルの再学習を組み込む

　短時間のプログラムを用いる場合でも，オリエンテーションのパーツに組み込む場合でも，関係づくりに必要なソーシャルスキルの再学習を溶け込ませることが大切です。あいさつなどのスキルは，「傷つけない」「安心してかかわってよい」というサインをお互いに伝え合うことになり，集団生活の中で人とかかわる際の安心感・安全感の確保に必要だからです。ソーシャルスキルが身についていない生徒が多い場合は，「①緊張をほぐすワーク」を行う際に，ソーシャルスキルを確認しながら行います。また，オリエンテーション全般の流れの中にソーシャルスキルの学習を溶け込ませ，安心してかかわる経験をさせましょう。

Q2　グループの人数合わせはどう行えばよいでしょう？

A あらかじめ奇数組が生じることも想定して計画します
T2を人数合わせに使わないことが大切です

● **3人組を想定した事前準備を**

プログラム作成時から頭に入れておきたいのが，グループ人数です。

ワークを実施するときの人数は，原則2人組から4人組に進みますが，クラスの人数は必ずしも偶数にはならないため，3人組があることを想定して展開を検討しておきます。

例えば，「牛男と馬子」のワークでは，図のように，3人組でも実施できるように，途中で交代する指示と確認する準備をします。

ここで無理に偶数にしようとすると，T2を人数合わせに使うことになってしまいます。T1が安心してワークを進行するためには，T2の役割をする教員がいなくなる（少なくなる）ことは，最も避けたいことの一つです。

● **急病等で人数が足りなくなった場合**

予定していた人数が変更になった場合の対応も，プログラム作成時に押さえておき，教員間で共有しておきましょう。

病欠等の生徒が実施前にいることがわかった場合と，実施中に退場者が出た場合とで対応が変わります。

・**実施前に判明した場合**

実施前に配慮が必要な生徒等を考慮しながら，2人組と4人組のメンバー変更をします。これは当日の朝に行うことになりますので，担任ではなく，副担任や準備担当者が行うとよいでしょう。

・**実施中の場合**

プログラムの進行によって対応を考えます。2人組のワークのときであれば，途中退場した生徒と組んでいた生徒を2人組に入れて，3人組にします。または，もともと3人組があった場合はそこの1名と組ませます。いずれにしても，配慮が必要な生徒を考慮して，だれとペアにするかを判断することになります。

いっぽう，4人組のワークを行っていた場合は，すでにかかわりづくりも進んでいると考えられますので，メンバーが1人欠けた3人でそのまま続けたほうがよいでしょう。

第3章

ここがポイント！
ワークの進め方

ワークの進め方の実際

　本章では，各ワークを実際にどのように展開するのか，その詳細をみていきます。
　ここで，再度，本ワークショップの四つの目標を押さえましょう。

---

①学校生活への不安を低下させる

②生徒同士のかかわりを育てる

③居心地のよさの感覚を高める

④集団生活に必要なソーシャルスキルを共有させる

　この目標を達成するための「各ワークに共通する留意点」について説明し，次に，具体的にどう指導・支援すればよいのか進行のコツを紹介します（T1・T2の虎の巻）。
　第2章のプログラムの作成と並行して，ワークの展開も検討します。使用するワークを選択し，展開例をベースに自分の言葉に書きかえたり，配慮事項を書き加えたりするとよいでしょう。その際は，以下の「各ワークに共通する留意点」「T1・T2の虎の巻」，第2節「ワーク展開上の困りごとへの対応」（→ 141ページ）が参考になります。

各ワークに共通する留意点

　各ワークは，「①導入（ワークの説明）→②説明（概要・ルールの説明とモデルの提示）→③展開（実施）→④振り返り（活動へのコメント）」の四段階で進めます。
　以下に，各段階で共通する留意点をまとめました。

◻「導入」における留意点

グルーピングの確認

　事前にグルーピングを済ませておきます（→ 86ページ）。「オープニング」でグループになる2人組，4人組を確認し，各ワークの始めには，「では，今日の2人組になりましょう」などと，T1が明確に伝えます。人数が奇数になる場合や病欠等の事前欠席・途中退場の対応（→ 88ページ）は検討しておき，スムーズにグルーピングを行います。ワー

クを行うことに不安や抵抗をもっている生徒は，ワークを行うこと自体でストレス状態に置かれているわけですから，どう動いていいのかわからない不安定な状態があると耐えられず，それが不満の声として上がることもあります。

　生徒に明確に指示し，テンポよく進行することは，全体を通したポイントです。

◉「説明」における留意点

視覚的に説明する

　なかには，口頭だけでは説明が伝わりにくい生徒がいる場合があります。また，説明するT1も不慣れな場合，「伝えよう」と強く意識するあまり，言葉数が多くなってしまうことがあります。したがって，説明では，デモンストレーションを実際に行ったり，板書や模造紙，スライドを活用したりするとよいでしょう。

自己開示のレベルを示す

　「サイコロトーク」「今年の漢字」などの自分のことを話すワークでは，どの程度のことを話せばよいのか，T1がモデルとなって示します。詳しくは以下のページをご覧ください（→94ページ，131ページ，133ページ）。

物品を配布する際の留意点

　物品を配布する際には，だれが取りに来るのか，T1が「具体的に指示を出す」（→94ページ，144ページ）ことが大切です。これも，生徒に余計な気遣いをさせることなく，テンポよくワークを進行するための重要なポイントです。また，物品配布の際，T2は，「物品配布時にモデルになる」（→95ページ）ことを心がけます。

◉「展開」における留意点

配慮が必要な生徒への支援

　発達に課題のある生徒などへのワーク中の対応は，基本的にT2が行います。読み書きに課題のある生徒がいる場合，例えば，「今年の漢字」では，T2がヒントになる漢字一覧を示しながら，生徒の思いや願いを引き出すように支援します。

　言葉を使ったワークにおいて，T2は聴く，話す（伝える）ことについて，さりげなくフォローします。場合によってはそのグループのファシリテーターの役割をすることも考えられます。

　また，人との接触が苦手な生徒への配慮としては，「牛男と馬子」の両手で手をはさむ動作を手がふれないよう寸止めにするといった対応や，「なべなべ底抜け」のように手をつなぐ場合は，手はつながず相手の袖をつかむようにするといった配慮が考えられます。いずれにしても，T1が「手が触れるのはちょっと苦手という人は，相手の袖をつかむようにしましょう」などと，全体にアナウンスすることが大切です。配慮が必要な生徒個人に声をかけて「自分は特別扱いされている」と思わせることがないようにすることも大事な配慮の一つです。

ソーシャルスキルの再学習

　生徒の実態として，ソーシャルスキルがある程度身についている場合は，最初にスキルの確認をしてワークに進み，スキルが守られていないときがあれば，そのときにできている人を確認しましょう。いっぽう，ソーシャルスキルが身についていない生徒の実態がある場合は，各ワークで繰り返して確認し，スキルの定着を図ることが大切です。

　以下は，最初に生徒に伝えるときの定型文です。

　「今日のワークでみなさんに行動してもらいたい三つのことをお話しします。一つ目は，話を聴くときは，相手の目を見て聴くこと。二つ目は，話すときは，相手の目を見て話すことです。そして三つ目は，言葉遣いに注意することです。あたたかい言葉，例えば，ありがとう，いいね，よろしくなどを使うといいですね」

　上記を伝えたうえで，各ワークの最初には「よろしくお願いします」，ワーク終了時には「ありがとうございました」と，あいさつで始まりあいさつで終わることを徹底します。また，生徒自身の行動についても，以下のように振り返らせます。

　「メンバーが発表しているとき，目を見て聴けたという人（挙手），いいねと言えた人（挙手）。90％の人ができたみたいですね。そうやって聴いてもらえると，あー聴いてくれているんだな，と安心できますよね」

確認したソーシャルスキルが発揮できていない場合への対応

　ソーシャルスキルが発揮できていないときには，ワークをいったん中断し，再度スキルの確認をします。その際，できていない人を確認するのではなく，「ソーシャルスキルの遂行ができていた人」を確認することがポイントです。

　例えば，「サイコロトーク」で，サイコロを渡す際のスキルを遂行している生徒が少なかったとき，「渡すとき，『どうぞ』って言うんだよね。見ていると半分くらいしかできていないよ。しっかりやりましょう」とは言わず，「サイコロを渡すときに，『どうぞ』と言えた人は？　半分くらいの人が手をあげていますね，ありがとう。次に確認するときは，80％の人が手をあげられるといいですね」などと言います。

一体感をもたせるコツ

　ワークの際，声を出して行うことで，不安や緊張を軽減できます。ジャンケンを活用したワークや「なべなべ底抜け」など声を出すワークでは，生徒に大きな声を出させます。声を大きく出させたいときには，「もっと大きな声を出して」という指示ではなく，「いまの声より30％大きく」と具体的に指示を出し，それができたら，「いいね」「そうそう」とほめるようにします。

　ワークを盛り上げる工夫としては，例えば，「足ジャンケン」のチーム対抗で勝ったときや，「○○と言えば」でグループ全員が一致したときに，「ハイタッチをしよう」と指示すると一体感が出ます。また，「足ジャンケン」でのチーム対抗のときや，「新聞紙パズル」「新聞紙タワー」など協力して行うワークのとき，作戦タイムをとります。これは，ワークのスムーズな遂行だけでなく，メンバー間の関係をつなぐきっかけになります。

時間を意識させる

　例えば，残り時間が数秒のときに，「5，4，3，2，1」とカウントすることは，ワークのテンポの維持につながります。また，新聞紙や情報カードを使ったワークのように，10分以上時間をとるときには，「あと○分です」と残り時間を伝えます。これにより，作業の遅いグループに，残り時間で何をすれば目標が達成できるかを考えさせます。

　いっぽうで，時間を切り上げるときもあります。例えば，「いいとこ四面鏡」でお互いのよい印象を伝え合うときに，「時間は1人1分とるので，合計2分です」という指示をし，実際の場面で，全員が1分30秒程度で伝え合いが終わって静かになったとします。沈黙の30秒は意外と長く感じるものです。こんなときはあと30秒待つのではなく，「はーい，2分です」と言って次に進みます。これにより，生徒の不安は賦活されず，楽しいという気持ちが維持できるとともに，ワークのテンポを保つことができます。

抵抗等への対応

　ワークに非協力的，あるいは過度に騒ぐといった生徒が出た場合，その行動の裏には，生徒の不安感やとまどいがあることを，まず理解します。そして，ほかの生徒と同じ行動をとるよう指導するのではなく，「とりあえず，様子を見ていてくれるかな」などと，行動を止めたうえで同じ場所にいるよう声をかけます（→145ページ）。

　ここでのポイントは，叱る指導はしないことです。これをすると，周りにいる生徒の不安感や緊張感を高めてしまうことになります。教員は常に，「居心地のよい空間づくり」を念頭におきながらワークを進行することが大切です。

ワークを切り上げるときのコツ

　時には，ワークを途中でやめる判断が必要な場合もあります。

　例えば，「牛男と馬子」で，相手の手を思い切り叩く生徒がいた場合，T2が介入します。しかし，それでも止まらない場合は，ワークのキリのいいところで，「はい，おしまい。叩きすぎちゃったなと思う人はごめんねと言いましょう」と言って，さらっと切り上げ，次のワークに移ります。このとき，当該生徒の指導は後回しにします。それは，わざとやっているのか，身体感覚に課題があるのかが不明なためです。この後の学校生活で観察しながら見立てて支援を行います。

◼ 「振り返り」における留意点

テンポを考える

　各ワークの展開例の「振り返り」では，生徒に体験を通じた理解を促し，ルールにふれたコメント例を示しているものがありますが，これは必ず話さなければならないというものではありません。緊張をほぐすワークのときには，テンポを重視して，T1がコメントせずに，「では，次に……」と次のワークに入ることや，コメントを短くして話すことなども考えられます。

　本ワークショップで，特に重要な T1（ワークの進行），T2（生徒の支援，物品の配布等）の具体的な発言や動きのコツをみてみましょう（T1, T2 の役割は 20 ページ参照）。また，96 ページからの各ワーク紹介には，T1, T2 のセリフ例が書かれていますが，以下を参考に，生徒の実態に合わせて適宜セリフを変えて実施することが大切です。

▣ 進行の要！ T1 の指示の出し方・フォローの仕方のコツ

活動のモデルになる——進行の際に話型を示し，話し方や内容のレベルのモデルになります。例えば，「サイコロトーク」の「好きな食べ物」のお題の場合では，「私の好きな食べ物は，イチゴです。理由は，甘くておいしくて，幸せな気分になるからです。以上です」などとモデルを示します。ポイントは，場が明るくなるような内容で，生徒の自己開示のモデルとなること，1 人のもち時間に合わせた秒数で話すことです。

具体的に指示を出す（→ 144 ページ）——具体的で限定した指示を出すと，生徒が迷わず動けるため，テンポのよいワークにつながります。物品を配布するとき，「だれか取りに来てください」などあいまいな指示では，生徒は「だれが行く？」となり，気疲れの要因になります。「私に一番近い人は手をあげて。いま手をあげた人が模造紙を取りに来てください」など，物品を取りに来る人を具体的に指示します。「私に一番近い人」を多用する場合，毎回，同じ生徒が取りに来ることがないように，T1 が立ち位置を変えます。あるいは，「前のワークで物品を取りに来た人の右隣の人」などの指示にすると，立ち位置を気にせずに別の生徒が出てくることができます。

サポーティブなリーダーシップをとる—— T1 が支持的に対応し，よい点を伝え，できたことに焦点を当てます。これは，生徒との関係をつくること，安心感をつくることにつながります。例えば，「すばやく整列してくれて，ありがとう」など，ワークごとに，「ありがとう」「うれしい」など，自分の気持ちを生徒に伝えるとよいでしょう。これにより，かかわりの基本スキルをモデルで示すことになります。

▣ 支援の要！ T2 が生徒とかかわるときのコツ

不適切な行動を修正したいときは質問で介入——T1 の指示が通っていないときには，「いまは何をするとき？」，開始時のルール（目を見て話す，目を見て聴く）が守られていないときには，「最初に確認した今日のルールは何だった？」，サイコロを渡すときの「どうぞと言う」が守られていないときには，「サイコロを渡すときになんて言うんだっけ？」と質問で介入します。

不適切な行動を修正したいときは具体的な行動で示す——例えば，「最初に確認した今日のルールは何だった？」と言って気づかないときには，「相手の目を見ながら聴いてごらん」と具体的な行動を示します。グループでの話し合いの際の態度を修正したいとき

には，「円の中心に体を向けようか」，声が小さい生徒がいるときには，まず，ほかのメンバーに「膝と膝の間をこぶし1個分まで近づいて」と言い，それでも聞こえないときは，本人に「ボリュームをあと20％あげてみよう」と声をかけます。また，「サイコロトーク」でサイコロを高く投げる生徒がいた場合，「サイコロを高く投げたくなるよね。でも，いまは4人の輪の中で転がせるといいね」などと，まずその生徒の行動を肯定的に受け止めた後，修正した行動を具体的に示すと，生徒は抵抗なく行動を修正できます。また，話型を守って話ができていない場合の対応として，話が短すぎるときは，「話型を見ながら話してごらん」と介入します。話が長すぎるときは，「ごめんね」と言って止め，T2がその生徒が話した部分を話型に入れ，言い直してモデルを示します。

望ましい行動を認める——質問で生徒が気づいたときや，生徒の態度や行動が修正されたときは，「そうだね」「いいね」などの言葉をかけます。

T1の指示の意図を解説する——例えば，T1の指示の意図がつかめずに，かみ合わない話をしたり，別の行動をとったりしていたときは，「いま，○○先生は，こういうことを言ったよ」と指示の意図をかみくだいて伝えます。

具体的なイメージをもたせるために，生徒自身に言語化させる——例えば，「新聞紙タワー」でヒントを出すとき，「タワーってどんなのイメージする？」「それってどんな形になっている？」と問いかけます。筒だけを作っているときには，「それをつなげると倒れる可能性が高いけどどうする？」と質問して生徒自身に考えさせます。

決定させるために，生徒自身に言語化させる——例えば，「私たちのお店屋さん」でヒントを出すとき，「いままでの情報は？」と質問から始め，「その情報をつなぐと，これはここ？　そっち？」と選択肢をあげ，生徒に決定させます。

話し合いが進んでいないとき，やるべき行動を質問で示す——グループ全体が沈黙しているときには，「グループでの話し合いは進んでいる？」，1人だけ話し合いに参加していないときには，「いま，頭の中にあることを言葉にしてみて」（考えているようなときは待ってから介入する）などと支援します。

生徒がとまどう場面をあらかじめ想定して対応する——例えば，「なべなべ底抜け」で，手をつないで輪をつくるとき，男子と女子の間にT2がスッと入ります。

介入するときは，視線の高さを合わせる——困っている生徒がいたとき，上から話しかけて威圧感を与えないよう，生徒と視線の高さを合わせて話します。

介入するときは，声のトーンをおだやかにする——大きな声は，不安や緊張がある生徒の不安感を喚起させてしまうため，声のトーンにも配慮します。これは，入学間もなくで把握しきれていないと思われる聴覚過敏の生徒への配慮にもつながります。

物品配布時にモデルになる——T2は，次のワークで配布する物品準備や，ワーク中に物品の配布をし，スムーズな進行の支援をします。物品を配布するときは，ソーシャルスキルのモデルとなるように生徒の目を見ながら「どうぞ」と言って渡します。このとき笑顔で渡せると，生徒により安心感を与えます。

ワーク 0 オープニング

クラス単位で，ワークショップ全体を通したねらいとルールの確認を行います。

生徒の声「今日は何をするのかな？」「ゲームっぽいことなので安心した」

黒板：
今日のねらい
・相手を大切にするとはどういうことか具体的にわかる
・名前を呼べる友達を3人つくる！

人数，時間：全体，3〜10分	特　徴：非言語的／非接触的
準　備　物：なし（名札を作る場合は人数分の名札プレートとペン）	編　成：プログラムの最初

■ 進め方

準備：名札を作る場合，フルネームを漢字（ルビをふる）で大きく書くことを指示します。

①グルーピング（今日の2人組，今日の4人組）の確認をします。

②教員の自己紹介（T1，T2）を行い，ワークショップのねらいとルールを説明します。

■ ポイント・留意点

・テンポよく行い，ワークに移ります。T1の指示どおりに動くと楽しいということを体験させ，抵抗を予防（軽減）します。

・教員の自己紹介は，生徒のモデルとなるよう，浅めの自己開示（趣味など）にします。

・教員の思いや願いを端的（30秒間）に伝えます。

・重視したいソーシャルスキルについては，本ワークショップのねらいを達成するために必要な行動として，オープニングで具体的にあげておきます。そのうえで，全体を通して，指示したスキルをていねいに確認しながら進めましょう。

・過去の実践の中で，ワークショップ終了後に「全員と話せなかった」と感想に記す生徒がいました。不安が大きい場合もあれば，「みんなと仲よくならなければ」という気持ちが強い場合もあります。これに配慮して，各ワークのグループサイズに応じて，あいさつできるようになる目標人数を具体的にあげるとよいでしょう。

■ 展開例（5分）

教員のセリフ・行動	tips

1 導入 ———

◇始める前に今日のグループを確認します。隣に座っている人が今日の2人組の相手です。4人組になるときは，奇数列の人が後ろを向き，2人組同士で組になります。

◇ワークショップを始めます。はーい，元気よくあいさつをしましょう。「おはようございます！」（返事）たくさんの人と出会えた感じがして，とてもうれしくなりました。

◇では，私の自己紹介をします（30秒でT1が自己紹介を行う。続いてT2も同様に行う）。

2 説明 ———

◇みなさんは，新しく出会ったクラスメートとどれくらいあいさつやお話しをしましたか？　すでに何人かとできたという人も，まだ声をかけづらいという人もいると思います。このワークショップを行うのは，みなさんに新しい出会いを大切にしてほしいからです。

◇今日はみんなでゲームのようなものを行い，動いたり，声を出したり，考えたりします。その中で緊張がほぐれ，終わった後に「楽になったなぁ」と思ってもらえればうれしいです。

◇いまここにいるみんなは，ご縁があって一緒になりました。いろいろな中学校から来て，さまざまな体験をしてきた人たちです。価値観には違いがあっても，だれでも思っている共通のことは，「自分も含めたみんなが，いやな思いをせずに気持ちよく学校生活を送れればいいなぁ」ということでしょう。

◇どうしたらそれができると思いますか？　コツは，互いに相手を大切にすることです。自分を大事にするのと同じくらい，相手のことも大切にしてください。それには具体的にどうすればいいのかというと，今日のワークショップではみなさんに次の三つの行動を大切にしてもらいます。一つ目は，話を聴くときは相手の目を見て聴くこと。二つ目は，話すときは相手の目を見て話すことです。三つ目は，言葉遣いに注意することです。あたたかい言葉，例えば，「ありがとう」「いいね」「よろしく」などを使うといいですね。

◇ワークショップのねらいは，さきにお話しした「相手を大切にするとはどういうことか具体的にわかる」です。今日のワークショップのあと名前を呼び合えたり，明日の朝「おはよう」と言い合えたりする，違う中学校から来た友達を3人つくることも目標にしましょう。

tips

・事前にグルーピングを済ませ，集合した時点で一緒にワークを行う，今日の2人組，4人組になるように整列させる。
・全員に声を出させる。
・教員の自己紹介は，的を絞り，自己開示のモデルになるように行う（長くなると生徒の集中力が続かないため30秒で行う）。視覚でわかるよう，趣味などの画像をスライド1枚にまとめて伝えるのもよい。

・教員の思いとして，本ワークショップの大きなねらいを伝える。自身の体験を通して語りかけるのもよい。

・「相手を大切にする」という大原則を示し，ワーク中に意識するスキルを説明する。
・本ワークショップ全体を通したルールを説明する。ワーク中，スライドや紙板書等で掲示しておくとよい。
・スキルをていねいに確認する（→92ページ）。

・ワークショップ全体を通したねらいを伝える。
・ここで3人としているのは4人組を想定しているため。体験するグループサイズによって数を変える。

ジャンケンチャンピオン

制限時間内にペアでジャンケンをし，勝った回数を競います。

生徒の声 「相手と息を合わせるとたくさんジャンケンできた」「一緒に喜んだり悔しがったりして楽しかった」

人数，時間：今日の2人組で1対1，5分	特　徴：非言語的／非接触的
準　備　物：なし	編　成：プログラムの導入〜序盤

■ 進め方
①今日の2人組になり，できるだけ回数が多くなるようにジャンケンをします（30秒間）。
②たくさん勝った人が「ジャンケンチャンピオン」となり，自己紹介します。

■ ポイント・留意点
・不安や緊張を生まないようにテンポよく行います。
・「たくさんジャンケンをして，勝利の数を増やす」というゲーム自体の目的と，「相手を思いやり，呼吸を合わせる」という本ワークを通して育みたい姿勢を同時に意識させます。
・教室では「ジャンケンチャンピオン」，体育館等の広い場所では身体を動かして行う「足ジャンケン」や「全身ジャンケン」と，実施場所でワークを選ぶとよいでしょう。
・本ワーク（非接触的な活動）から身体を使い接触を伴う（肩をくむ等）「足ジャンケン」「全身ジャンケン」へとつなげると，自然な流れでテンポよく行えます。
・生徒の実態によって，特に緊張・不安の緩和を重視した展開にしたい場合は，本ワークや「足ジャンケン」「全身ジャンケン」のほかにも，「カウント77」「牛男と馬子」等の緊張をほぐすワークを複数組み合わせて行うとよいでしょう。

■ 展開例（5分）

教員のセリフ・行動	tips
1 導入 ─────	
◇いまから「ジャンケンチャンピオン」というワークを行います。30秒間ジャンケンをして勝った数を競います。今日の2人組で向かい合って，あいさつをします。「よろしくお願いします」	・事前に決めておいた2人組で向かい合わせる。生徒数が奇数の場合，3人組をつくる。
2 説明 ─────	
◇ルールを説明します。30秒間でできるだけたくさんジャンケンをします。ポイントは，相手を思いやり，呼吸を合わせてジャンケンをすることです。呼吸を合わせるには，お互いに目を見合ったり，うなずき合ったりするとよいでしょう。	・相手を思いやる必要性を話し，ソーシャルスキルを意識させる。
◇「最初はグー，ジャンケンポン」と言うのは，1回目だけです。2回目からはポン，ポンと呼吸を合わせてどんどん続けてください。	・一度に，ジャンケンと勝った数を数えるという二つの活動をするので，生徒の負担を考え，30秒で終わらせる。
◇利き手でジャンケンし，逆の手指で勝った数を数えます。	・勝った数の数え方は，ジェスチャーで手本を見せる。
3 展開 ─────	
◇では，始めます。時間は30秒です。1回目だけは「最初はグー」です。せーの。最初はグー，ジャンケンポン，ポン……。	・「最初はグー」だけでなく，初回の「ジャンケン，ポン，ポン」までをT1が言い，リズムをつくる。
◇（30秒後）そこまでです。みなさん座ってください。何回勝てたか確認します。自分の勝った数を相手に伝えてください。数え忘れた人，数えきれなかった人はだいたいの数で構いません。	・段階的に勝った回数をあげていく。勝った数が少なかった生徒に配慮し，少ない回数から始めるとよい。また，自己紹介をするのが1人だけにならないよう，挙手している人数が3〜5人程度になったところで自己紹介を促す。
◇3回以上勝った人は手をあげて。次に5回以上勝った人は手をあげたままでほかの人は手をおろしてください（7回以上，10回以上と同様に行い3〜5人になったら）いま手をあげている人たちがジャンケンチャンピオンです。おめでとうございます。拍手。	・自己紹介は出身校と名前にとどめる。ワークショップの序盤で「プラスひとこと」を求めると抵抗が生まれやすい。
◇チャンピオンになった人は立って，出身学校名と名前をみなさんに紹介しましょう。……ありがとうございます。拍手。	
◇では，相手にあいさつをします。「ありがとうございました」	
4 振り返り ─────	
◇お疲れさまでした。ジャンケンをするとき，うまく呼吸が合わせられましたか？　たくさんジャンケンをしようと思うと，つい強引にでもスピードを上げたくなります。でもそれでは相手とテンポが合わずうまくできませんし，嫌な気持ちになってしまいます。相手を思いやって呼吸を合わせようとすると，スムーズに回数を増やすことができて，気持ちよく進めることができます。今回に限らず，協力して目的を達成しようとするときはチームワークが大切になります。これからの学校生活でも意識していきましょう。	・活動を通して学んだスキルについて，改めて考えるように話す。 ・「相手を思いやる」という視点をもって取り組めたか確認し，「たくさん勝つ」というゲームの目的と「相手を思いやる」ことの関係性を述べる。 ・今後の学校生活にも生かすよう促す。

緊張をほぐす

ワーク 2

足ジャンケン

グループ対抗で行います。グループサイズを徐々に大きくしていきます。

生徒の声　「みんなと何を出すか話すのが楽しかった」「チーム戦で勝つと一人で勝ったときよりうれしい」

人数，時間：今日の2人組で1対1→2対2→4対4→8対8，5〜20分
特　　　徴：非言語的／接触的　　　　　準備物：なし　　　　　編　成：プログラムの序盤

■ 進め方

① 2人組になり，足を使ったジャンケンで勝負します。

② 次に，2人組対2人組のチーム対抗で行います。チームの人と腕か肩を組んで行います。作戦タイムをとり，話し合って出す手を決めます。その後，4人組対4人組と人数を増やしていきます。

■ ポイント・留意点

・不安や緊張を生まないようにテンポよく進め，チームで取り組む楽しさを味わわせます。

○身体接触が苦手な生徒への配慮

・男女混合で行う場合や身体接触に抵抗を示しそうな生徒がいる場合，「はずかしいなと思う人は，身体に触れないように"エアー腕組み"にしましょう」などと，全体に伝えます。

バリエーション　**全身ジャンケン**〔人数，時間：4人組対4人組，5〜15分〕

　4人組で横に整列します。「グーは全員がしゃがみ，チョキは外側2人だけがしゃがみ，パーは全員が立つ」というルールを説明し，教員と生徒数名に協力を頼み，モデルを見せた後，形を練習し，チームで手をつなぎます（身体接触に配慮が必要）。ワークの流れは，足ジャンケンと同様です。2〜3回ジャンケンを行い，勝ったチームはハイタッチします。対戦相手を変えて同様に行います。

・最初のワークとして選ぶ場合には，4人組から始めてもスムーズに実施できるか確認します。

　参考▶子どもの遊びポータルサイト ミックスじゅーちゅ, https://45mix.net/asi-jyanken/（アクセス日2020年2月12日）

■ 展開例（15分）

教員のセリフ・行動	tips

1 導入 ─────────

◇足を使って行う「足ジャンケン」を行います。まず，今日の2人組からスタートします。その後人数を増やしていきます。

・事前に決めておいた2人組で並ばせる（4人組，8人組と人数を増やすことを想定して整列させる）。生徒数が奇数の場合，3人組をつくらせる。

2 説明 ─────────

◇ルールを説明します。（モデルを見せながら）足を閉じたらグー，足を前後に開いたらチョキ，足を横に開いたらパーです。その場でやってみましょう……はい，いいですね。ルールはあと二つあります。一つは，私が「せーの」と言ったら，大きな声で「最初はグー，ジャンケンポン」と言うこと。もう一つは，「最初はグー」のとき，ピョンと跳んで足を閉じ，グーを出すことです。

・大きな声を出させ，「最初はグー」で始めることで，一体感を高めるとともに緊張緩和を図る。

3 展開 ─────────

◇2人組で向かい合い，あいさつします。「お願いします」

◇1発勝負であいこは引き分けです。3回繰り返します。1回目です。せーの。最初はグー，ジャンケンポン。（2，3回目も同様に行う）

◇3回とも勝てた人は手をあげてください。拍手。

◇次にチーム対抗戦で行います。さきほどの相手とチームになり，2人組対2人組で勝負をします。前から奇数番目のチームは，後ろを向いてください。1発勝負で3回行います。まずあいさつです。「よろしくお願いします」

◇2対2なので，ペアで同じものを出さないと勝負になりません。5秒間作戦タイムをとりますので，後ろを向いて話し合って出す手を決めてください。5，4，3，2，1。はい，そこまで。チームなので，腕か肩を組みましょう。「はずかしいな」と思う人は，身体に触れないように"エアー腕組み"にしましょう。

◇1回目です。せーの。最初はグー，ジャンケンポン。勝ったチームはハイタッチしましょう（同様に2，3回目を行う）。

◇3回とも勝てたチームは手をあげてください。拍手。

◇次に4人組対4人組で行います。いま対戦したチーム同士で横に並び，奇数番目のチームは後ろを向いて，対戦する4人組と向かい合います（以下の行程は，2対2のときと同様に行う）。

◇あいさつをして終わりましょう。「ありがとうございました」

・1回目はT1対生徒全体で行ってもよい。
・回数は時間に応じて決める。

・4人組をつくる際，後ろを向かないチームがいたらT2が個別に促す。

・毎回作戦タイムをとり，交流機会をつくる。テンポよく進めるため，5秒間に設定する。
・チームで腕や肩を組ませると物理的な距離が縮まり，一体感が出る。
※身体接触への配慮→前ページ参照。
・ハイタッチで緊張緩和をねらう。
・時間があれば，8人組対8人組と人数を増やす。8人組で行ったら，そのまま「フラフープリレー」につなげてもよい。

4 振り返り ─────────

◇お疲れさまでした。仲よく協力してゲームを進められてよかったです。人数が増えるとさらに盛り上がりましたね。チームで勝つと一人で勝ったときよりもうれしかったのではないでしょうか。

・生徒のよいところをほめ，チームで一つのことに取り組む楽しさについてふれる。

ワーク
3

カウント 77

グループで輪をつくり，ルールに従って数字を 77 まで数えます。

生徒の声 「結構むずかしくてドキドキした」「みんなで息を合わせたら達成できてうれしかった」

人数，時間：4人組（4人以上），3〜5分　　　　特　徴：言語的／非接触的
準 備 物：なし　　　　　　　　　　　　　　　　編　成：プログラムの導入〜序盤

■ 進め方
①4人以上で輪になり，1人ずつ声に出して数字を数えていき，7のつく数字と7の倍数は声を出さず手を叩きます。
②間違えずに77まで数えられたらゴールです。

■ ポイント・留意点
・不安や緊張を生まないようにテンポよく行います。
・「相手を思いやり，呼吸を合わせる」というワークを通して育みたい姿勢と，「チームで一つのことに取り組む楽しさ」の両方を生徒に意識させます。

〇展開例の方法では少しむずかしいと思われる場合
・7のつく数字，7の倍数という二つに対応するのが困難な生徒が複数いる場合は，7の倍数のみにする，数える数字を49までにするなど，難易度の調整をしましょう。
・テンポが速いとついていけない生徒が多いと予測される場合は，あらかじめテンポを調整します。
・活動中に間違う生徒が続出したら，「スピードを落としましょう」とテンポを調整しましょう。

〇展開例の方法では少しもの足りない，よりゲーム性を高めて盛り上げたい場合
・「1分間でいくつまで数えられるか」と時間を短く区切り，競争させます。
・7のつく数字と7の倍数に当たった人が，指で逆方向を示したら反対回りにします。

■ 展開例（5分）

教員のセリフ・行動	tips

1 導入 ――――――――――――――――――
◇いまから「カウント77」というワークを行います。

◇今日の4人組で円になって座りましょう。

◇あいさつをします。「よろしくお願いします」

・事前に決めておいたグループ（4人以上）になる。

2 説明 ――――――――――――――――――
◇やり方を説明します。グループで順番に1人ずつ，77まで数字を数えていきます。ただ数えるだけではありませんよ。7のつく数と7の倍数に当たった人は，数字を言わずに1回パン（動作で示す）と手を叩きます。手を叩く音を聞いたら，次の人はすぐに自分の数字を言います。

◇私と○○先生（T2），生徒の□□さんと△△さんで，やってみます。せーの。1・2・3・4・5・6・（パン）・8・9・10・11・12・13・（パン）・15・16・（パン）……。

◇こんなふうに，7のつく数字や7の倍数の人は手を叩きます。7のつく数字と7の倍数のときに，声を出したら間違いです。また，例えば14の人が手を叩いて，次の人がすぐに15と言わなかった場合には，15の人のミスになります。途中で間違えた場合は，間違えた人がまた1から始めます。間違えずに77まで数えられたらゴールです。最後の77で手を叩いて終わりです。さあ，チームで呼吸を合わせて，ゴールをめざしましょう。アイコンタクトをとったり，みんなでうなずき合ったりすると，呼吸が合わせやすくなります。

・デモンストレーションはわかりやすいように，ゆっくり行う。

・7のつく数字や7の倍数は確認しないほうが盛り上がる。

・「全員立たせて，終わったら座る」とすると，どのグループが終わったかがわかりやすくなる。

3 展開 ――――――――――――――――――
◇本番です。みなさん立ちましょう。77まで終わったグループは全員座ります。制限時間は3分です。テンポよくやってみましょう。私に一番近い人は手をあげてください。その人から右回りで始めます。はい，スタート。

◇そこまでです。77まで数えられたグループは？　拍手。

◇一緒に活動したみんなにあいさつをしましょう。「ありがとうございました」

・早く終了しそうな見立てがある場合は，2分に設定する。
〔介入のポイント〕

・T2：とまどっている生徒がいたら個別に「○○さんからまた数え直しましょう」

・T1・T2：違う動きをしているグループが多かったら，全体を止めるか個別に介入する。

・T1：間違う生徒が続出したら，全体に「少しスピードを落としてやってみましょう」とテンポを見直す。

4 振り返り ――――――――――――――――――
◇お疲れさまでした。単純なルールに見えて意外とむずかしく，自分の番が近づくとドキドキした人もいたのではないでしょうか。

◇77までカウントするには，互いに思いやって呼吸を合わせることがコツでした。みんなで協力して77まで数えられたら，うれしかったのではないでしょうか。

・ワークの感想を述べ，相手と呼吸を合わせることの大切さや，チームで一つのことに取り組む楽しさにふれる。

緊張をほぐす

ワーク 4 牛男と馬子

相手の手を挟んだり，挟まれないように逃げたりします。

生徒の声 「意外とむずかしかったけれど楽しかった」「ペアの人と自然と笑顔になれて距離が近くなった」

昔話風シナリオ「牛男と馬子」

　昔々あるところに，うし男家のうしろにうま子が住んでいました。ある朝，うま子が川に洗濯に行くと，大きな桃がどんぶらこと流れてきました。まあこれはなんて大きくてうまそうな桃でしょう。うま子はうし男に持って帰ることにしました。うーん，重い，重い。大きな桃を見たうし男は包丁を持ってきて，桃をパカッと割りました。桃からかわいい男の子がうまれました。これは角が生えているからうしかな。いや顔が長いからうまかな。いや，うしかな。うまかな。これはうまい話だなあ。みなさんうまくいきましたか？

人数，時間：今日の2人組，5〜8分	特　徴：非言語的／接触的
準 備 物：なし	編　成：プログラムの序盤

■ 進め方

①2人組で向かい合って座り，T1が読み上げるシナリオ中の「うし」「うま」というキーワードをきっかけに，互いの手を挟んだり，挟まれないよう逃げたりします。

②徐々にテンポをあげて高揚感を高め，緊張感をほぐします。

■ ポイント・留意点

・不安や緊張を生まないようにテンポよく行います。

○身体接触が苦手な生徒への配慮

　感覚過敏がある人は，手を挟まれる程度の接触でも痛みを感じる場合があります。また，手の汗を不快に感じる人もいます。対応として，「手が触れるのは苦手だなあという人は，ペアの人に伝えて，手が直接触れないようにする"寸止め"で行いましょう」と，全体に伝えるとよいでしょう。

○手を強く叩く生徒への対応

　実態から，悪ふざけしそうな生徒や，ヒートアップしそうな生徒がいることが予想される場合は，「手を強く叩かない」というルールを徹底させます。ルール違反がみられた場合は，T2が即時に介入します。それでも止まらない場合は，「はい，ここでおしまいにします」と，さらっと切り上げ，次のワークに移ります（→93ページ）。また，そうした生徒がいそうな場合は，全員が手を直接触れないようにする「寸止め」をルールにして実施するのも一つの方法です。

■ 展開例（5分）

教員のセリフ・行動	tips

1 導入 ───────────

◇次は「牛男と馬子」というワークです。今日の２人組になります。

・事前に決めていた２人組になる。

2 説明 ───────────

◇ルールを説明します。窓側の人を牛男さん，廊下側の人を馬子さんとします。窓側の人は手をあげてください。みなさんが牛男さんです。廊下側の人は手をあげてください。みなさんが馬子さんです。

◇○○先生と△△先生にやってもらいながら説明します。窓側の○○先生が牛男さん，廊下側の△△先生が馬子さんです。向かい合い前ならえのポーズをとり，相手の手を挟めるくらいの距離になります。私が「うま」と言ったら馬子さんは牛男さんの手を挟みます。やってみます。「うま」（牛男は手を挟まれる）。馬子さんの動きはこれでOKです。牛男さんは手を挟まれないように手をあげて逃げます。やってみます。「うま」。（馬子は挟もうとし，牛男は逃げる）。私が「うし」と言ったら役割が逆になります。牛男さんが馬子さんの手を挟み，馬子さんが逃げます。やってみます。「うし」。（牛男は挟もうとし，馬子は逃げる）。このように逃げる人はひじを曲げて手をあげます。先生たちにダメな例を示してもらいます。「うし」。（牛男は逃げようとする馬子の手を追いかけて挟む）。このように手を追うのはNGです。前ならえの位置で勝負します。

◇「手が触れるのは苦手だなあ」という人は，ペアの人に伝えて，手と手が直接触れないようにする"寸止め"で行いましょう。

◇練習しましょう。向かい合い前ならえをして互いの手を挟める距離になります。あいさつをします。「よろしくお願いします」

◇始めます。「うし」。窓側の人が挟んで廊下側の人が逃げるのが正解です。「うま」。廊下側の人が挟んで，窓側の人が逃げるのが正解です。続けます。「うし」「うま」だけでなく「うしろ」「うまかった」など，「うし」「うま」が含まれる言葉にも反応してください。

・場所で牛男と馬子の役割を固定することで，練習のときに間違っている生徒がわかりやすくなり，サポートしやすい。
・T2を２人確保できないときは，T1が説明とモデルを兼ねる。
・体育館で行う場合，体育座りではやりにくいので立って行う。教室などで椅子に座って行う場合は座ったままでよい。

※身体接触が苦手な生徒への配慮→前ページ参照。
・T1は，全体の様子をみながらテンポを調整する。
・単語のみを並べた短い文と，長い物語を用意し，時間に応じて選択する。
・全員ができるまで練習を数回くり返す。

3 展開 ───────────

◇本番です。昔話風の文章の中にうしとうまが登場するのでそれぞれ動いてください。（→文章例は前ページ参照）……おしまいです。

◇ペアにあいさつしましょう。「ありがとうございました」強く手を挟んでしまった人は「痛かったでしょ，ごめんね」と謝りましょう。

・読むときは，タメの間をつくって盛り上げ，生徒が不安を感じる間がないようにする。１段落目はルールを再確認しながらゆっくり行い，２段落目，３段落目と徐々にテンポを上げていく。

4 振り返り ───────────

◇お疲れさまでした。反射神経と集中力が必要ですが，みんなが「わーっ」と声をあげているのを聞いて，先生もやりたくなりました。

・ワークの感想を簡潔に述べ，テンポよく振り返る。

緊張をほぐす

ワーク
5

なべなべ底抜け

グループで輪になり，わらべ歌に合わせて手をつないだまま体の向きを変えます。

生徒の声 「声をかけ合えばできるんだと思った」「クラス全員で行って心が一つになった気がした」

なべなべ

とこぬけ

人数，時間：4人組→8人組→男女別→クラス全体，15〜20分   特　徴：非言語的／接触的
準 備 物：なし   編　成：プログラムの序盤〜中盤以降

■ 進め方

① 4人組で両手をつないで輪をつくります。
②「なべなべ底抜け，底が抜けたらかえりましょ」と全員で歌いながら，つないだ手を裏返したり
　元に戻したりしながら，背中合わせになったり向かい合わせになったりします。
③徐々にグループの人数を増やしていきます。

■ ポイント・留意点

・身体接触を伴うワークなので，ジャンケンなどのワークで緊張が解けたあとに行いましょう。
・不安や緊張を生まないようテンポよく進めます。
・大きく体を動かすことで緊張をほぐします。
・「チームで一つのことに取り組む楽しさ」と「チームで協力することの大切さ」を同時に生徒に意
　識させます。
・徐々にグループを大きくしていくので，多くの人とかかわるきっかけになります。

○身体接触が苦手な生徒への配慮

　人と手をつなぐことに抵抗がある生徒への配慮が必要です。「手をつなぐのが苦手な人は，相手の
袖口を持ってもいいですよ」と全体にアナウンスします。特別扱いしている・されていると感じさ
せない配慮が大切です。

■ 展開例（15分）

教員のセリフ・行動	tips

1 導入

◇いまから「なべなべ底抜け」のワークを行います。全身を使った体操のような活動です。今日の4人組になって座ってください。

・事前に決めておいた4人組になる。

2 説明

◇ルールを説明します。「なべなべ底抜け底が抜けたらかえりましょ」と歌いながらグループの人とつないだ手を裏返します。私と○○先生（T2）で見本を見せます。一緒に歌ってください。なべなべ底抜け底が抜けたらかえりましょ（つないだ手を大きく振り裏返す）。今度は元に戻します。なべなべ底抜け底が抜けたらかえりましょ（裏返った手を元に戻す）。息が合わないとうまくできません。声をかけ合うなど、協力しながらやってみましょう。

◇手をつなぐのは苦手という人は、相手の袖口をつまんでもOKです。

・T1とT2で楽しそうに歌い、取り組みやすい雰囲気をつくる。教員が照れると生徒に伝わり、活動が停滞してしまう。
・生徒が声を出して一緒に歌っているかが、ここまでのアイスブレイクがうまくいっているかの判断ポイント。

※身体接触が苦手な生徒への配慮→前ページ参照。

3 展開

◇本番です。最初は4人組で行います。まずあいさつです。「よろしくお願いします」……歌いながら、手を大きく振りましょう。せーの。なべなべ底抜け底が抜けたらかえりましょ（裏返す）。

◇はい、そこまで（2〜3組できたらいったん終わる）。

◇一番にできたグループに見本を見せてもらいましょう。せーの。なべなべ底抜け底が抜けたらかえりましょ（裏返す）。ありがとうございます。拍手。上手なやり方がわかりましたね。

◇もう一度やりましょう。せーの。なべなべ底抜け底が抜けたらかえりましょ（裏返す）……みんな成功です。内側を向くよう戻ります。せーの。なべなべ底抜け底が抜けたらかえりましょ（戻す）。

◇次は8人組で行いましょう。人数が増えると、より頭を使います。

◇あいさつで終わりましょう。「ありがとうございました」

・初回はできないグループを最後まで待たない。これは、できたグループがたるんでしまうのを防ぐ。
・グループ対抗で競争させてもよい。
・T2の介入：うまくできないグループがあれば、輪に入ってモデルを見せる。
・男女混合になる場合は、T2がそれとなく男女の間に入る。
・時間があれば、男女別グループ→クラス全体と人数を増やして行う。

4 振り返り

◇お疲れさまでした。チームワークが成功の鍵でした。一人が急ぎすぎてもうまくいかないし、だれも動き出さなければ止まってしまいます。うまくやるための方法を全員で考えることが大切だと実感したのではないでしょうか。率先して動き始めた人、「ここだよ」と手をあげてくぐるのを示した人、笑顔で一緒にくぐった人、みんなそれぞれがんばってくれました。入学したばかりなのにチームワークで一つのことができてうれしいです。これからの行事などでの団結がいまから楽しみです。

・みんなで呼吸を合わせること、チームで協力することの大切さを語る。
・協力し合って笑顔で行っていた生徒の様子をあげ、今後の学校生活への期待につなげる。

ワーク
6

フラフープリレー

手をつないで輪になり，フラフープを一周させ，グループ対抗で速さを競います。

生徒の声 「隣の人と協力してできた」「みんなでフラフープをつなぐ様子を見ているのも楽しかった」

人数，時間：8人組（8人以上），10〜20分	特　徴：非言語的／接触的
準　備　物：フラフープ（グループ分）	編　成：プログラムの序盤〜中盤以降

■ 進め方
①8人以上のグループで手をつないで輪になります。
②右腕から頭，足とフラフープを全身に通し，次の人へとつないでいきます。
③全員がフラフープを通せたら座ります。

■ ポイント・留意点
・体を動かすことで，緊張をほぐします。
・相手のことを考えることがスムーズなリレーにつながることを意識させます。
・この前後に，同メンバーで「なべなべ底抜け」を行う展開も考えられます。
・このワークのウォーミングアップとして，グループで輪になり，人差し指だけでフラフープを支えて，ゆっくりと上げたり，床の近くまで下げたりするワーク「フラフープダウン」を行ってもよいでしょう。相手のことを考えて，上げる高さを工夫し，チームワークを発揮させます。
・身体接触を伴うので，前のワークで緊張をほぐし，関係を少し構築できたあとに行いましょう。
・男女別が基本です。男女混合にする場合，思春期特有の照れに配慮し，間に教員が入ります。

○身体接触が苦手な生徒への配慮
　身体接触に抵抗を示しそうな生徒がいる場合は，「手をつなぐのははずかしいなと思う人は，隣の人の袖をつまむようにしましょう」などと全体に伝えます。

■ 展開例（10分）

教員のセリフ・行動	tips

1 導入

◇いまから「フラフープリレー」を行います。グループで手をつない
で輪になり，フラフープを一周させるワークです。8人組で行いま
す。いまの4人組の奇数列のグループが後ろを向き，8人組になり
ましょう。この8人で輪になります。ほかのグループでぶつからな
いよう広がってから座ります。

・8人組のつくり方を明確に指示する。人数合わせで教員（T2以外）が入ることもある。
・組になれないグループにはT2が介入する。
・4人組でのワーク後に行うか，「足ジャンケン」で8人組で行ったら，そのまま本ワークにつないでもよい。
・時間的に余裕があれば，8人組で行ったあと，クラス男女別→クラス全員で行ってもよい。

2 説明

◇フラフープを配ります，私に一番近い人が取りに来てください。
◇やり方を説明します。グループで手をつないで輪になります。フラ
フープは取りに来た人の右腕に通してください。手をつないだまま，
頭，足と全身を通したあと右隣の人に渡していき，1周させます。
◇手をつなぐのは苦手という人は，隣の人の袖をつまんでも OK です。
◇練習しましょう。1周したら座ってください。

※身体接触が苦手な生徒への配慮→前ページ参照。

3 展開

◇どうでしたか？　速く行うにはコツがあると思います。
◇1分間時間をとるので，どうすれば速くリレーできるか，グループ
で考えてください。並び順を変えてもいいですよ。
◇作戦タイム，終了です。では，チーム対抗で行いますね。1周し終
わったら，座ってください。よーい，スタート。
◇はい。全員できましたね。1番速かったグループに，グループでど
ういうコツを話し合ったか聞いてみたいと思います。（インタビュ
ーする）。ありがとうございました。拍手。
◇今日のねらいは「相手を大切にする，ということが具体的にわか
る」でしたね。速く行うには，フラフープを送る側は「相手が受け
取りやすいようフラフープを頭の高さに上げる」，受け取る側は
「頭を傾けて受け取りやすい姿勢をとる」などの方法が考えられま
す。速かったチームはこれがスムーズにできたのだと思います。ほ
かのグループも意識できたでしょう。
◇2回目を行います。1分間時間をとるので，もう一度，どうすれば
速くできるか考えてください。
◇では，いきます。よーい，スタート。
◇最後にあいさつをしましょう。「ありがとうございました」

・速くリレーする方法を考え，相手がやりやすい方法を工夫することは，ワークショップの目的「相手を大切にする」につながる。
・数グループにインタビューして，「相手を大切にできた」につながる話を引き出す。
・時間があれば2回目を行う。コツの確認後再度行うと行動レベルでの確認になる。
・人数を増やして行うことも考えられるが，多すぎると待っている時間が長くなるのでバランスを考える。
・グループ内で感想を述べ合ってもよい（1分間）。その後，「個人的な感想でいいので，いま出た意見を全体で発表してくれる人はいませんか？（発表→拍手×数人）……人の意見を聞くと，こう思っているのは自分だけじゃなかったと安心しますよね」という展開も有効。ただし手があがらなければ無理はしない。

4 振り返り

◇この活動を通して「相手を大切にする」ことを体験するとはどうい
うことか，実感してもらえたらうれしいです。

・最後に，「相手を大切にする」ことを再度意識させる。

ワーク 7 ○○と言えば

お題を聞き，メンバーが答えそうなことを想像して，いっせいに言い合います。

生徒の声 「合わせようとするのが楽しかった」「みんなとハイタッチをして距離が近くなった」

人数，時間：2〜4人組，3〜5分	特　徴：言語的（自己開示なし）／非接触的
準　備　物：なし	編　成：プログラムの序盤〜中盤以降

■ 進め方

①お題に対し，メンバーが答えそうなことを考えていっせいに答えを言います。
②答えが一致したらメンバーとハイタッチします。

■ ポイント・留意点

・不安や緊張を生まないようにテンポよく行います。
・相手の回答を想像することや相手に関心をもって回答を聞き合うことを，生徒に意識させます。
・お題は，学校や生徒の実態に合うものをあらかじめ用意しておきます。

○アレンジのコツ

　本ワークは，「関係をつなぐワーク」（自分のことは話さなくてもできるワーク）に該当しますが，生徒の実態によっては，お題のレベルを調整することで，自然に，「関係をつくるワーク」（自己開示を伴うワーク）に移行できます。例えば，お題1「甘い食べ物と言えば？」，お題2「○○（地域名）と言えば？」，お題3「高校生に人気のあるミュージシャン（スポーツ，タレント等）と言えば？」，というように，お題1，2は一致度50％くらいのもの，お題3は本人の趣向が反映しそうなもので設定します。お題3が終わったところで，数分間話し合いの場を設けて，「○○って，いいよね」「□□って言ったけどなんで？」というように，互いの相違に面白さを見いだすなど，自然に会話が弾むような展開にもっていくことも可能です。

■ 展開例（5分）

教員のセリフ・行動	tips

1 導入

◇次は「○○と言えば」というワークをします。お題に対し，グループのメンバーと同じ答えになるように考えるゲームです。

◇今日の4人組（または2人組）になってください。

・事前に決めておいたグループ（2～4人）になる。

2 説明

◇ルールを説明します。私が「○○と言えば何か？」というお題を三つ出します。それぞれのお題に対してメンバーが答えそうなことを想像し，考えた答えをいっせいに言ってください。

◇考える時間は5秒間です。相談はなしです。アイコンタクトはしても構いません。私が5秒カウントしたあと，「せーの，はい」と合図したら，いっせいに答えを言ってもらいます。一致したら，メンバーとハイタッチしてください。

・お題は生徒の実態に応じて慎重に考える。一致度が50％くらいのものを選ぶと盛り上がる。候補は季節の花，果物，ゲーム，ごちそう，お弁当のおかず，辛い食べ物，歌姫，お笑いタレント，スポーツ選手，おにぎりの具，飲み物，お菓子など。

・ハイタッチさせることで，雰囲気を盛り上げる。

3 展開

◇始めます。最初にあいさつをしましょう。「お願いします」

◇最初のお題です。「甘い食べ物と言えば？」

◇相談はなし，アイコンタクトはOKです。答えが一致したらハイタッチしましょう。5秒間考えてください。5・4・3・2・1・せーの，はい。一致したグループは挙手してください。どんな答えでしたか？（答えを聞き，感想を述べる）。

◇一致しなかったグループも，答えを聞き合ってみましょう。

◇二つ目のお題です。「○○（地域名）と言えば？」……5秒間考えてください。5・4・3・2・1・せーの，はい。一致したグループは挙手してください。どんな答えでしたか？（答えを聞き，感想を述べる）。

◇一致しなかったグループも，聞き合いましょう。

◇最後のお題です。「アイドルと言えば？」（以下，一つ目，二つ目と同様に行う）。

◇このワークは以上です。それではあいさつをして終わりましょう。「ありがとうございました」

・一致しなかったグループについても答えを聞き合う時間をとる。聞き合うことが互いに「関心をもっている」というメッセージとなり，うれしい気持になる。

・三つのお題をテンポよく出題し，盛り上げる。

4 振り返り

◇お疲れさまでした。一致したらうれしいし，同じお題で人によって想像するものが違うことも面白かったのではないでしょうか。相手の答えそうなことを考えたり，回答を聞き合ったりすることの原点は，相手に関心をもつことです。これからの学校生活でも互いに相手のことをどんどん知っていってほしいです。

・ワークの感想を簡潔に述べ，相手に関心をもち，相手のことを考えることの大切さにふれる。

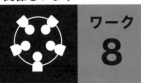

新聞紙パズル

切ってバラバラにした新聞紙を，グループで相談しながら元の形に戻す活動です。

生徒の声 「どうすれば元に戻るかみんなと考えて楽しかった」「グループの人と自然に話ができた」

人数，時間：4人組（4人以上），10分	特　徴：言語的（自己開示なし）／非接触的
準　備　物：新聞紙（グループの枚数），マジック， 　　　　　角形2号サイズ封筒，セロハンテープ	編　成：プログラムの中盤以降

■ 進め方

準備：新聞紙のショッキングな事件や事故などのニュースでない面を選んで，事前に25ピースになるよう切って封筒に入れる。生徒の実態に応じて，または短時間で行いたいときには，20ピースでもよい。

①切ってバラバラにした新聞紙を，グループで相談しながら元に戻します。

②完成後，メンバー全員の名前を書いて前に持ってきます。

■ ポイント・留意点

・ジグソーパズルのようにシンプルで，だれでもできるワークです。創造性がない分，「新聞紙タワー」より難易度が低いものです。

・作業中に役割分担を促したり，完成後に役割分担できていたことをほめたり，協力してチームワークを発揮することの大切さを伝えましょう。

・スピードだけでなく美しさも評価し，多面的にフィードバックします。

〇アレンジのコツ

　時間に若干余裕がある場合で，ルールが守れる生徒の実態があれば，生徒が新聞紙を破いてピースを作るというアレンジもできます。その場合，「勝手に破らず教員の指示するタイミングで破く」「グループで1人1回1枚だけ破く」「握りこぶしより小さいピースは作らない」「できたピースをほかのグループと交換し，元に戻す作業を始める」などのルールを伝えて進めます。

■ 展開例（10分）

教員のセリフ・行動	tips

1 導入

◇みなさんは，ジグソーパズルをやったことはありますか？　バラバラになっているピースを組み合わせて，元の1枚の絵や写真に戻していくものです。その新聞紙バージョンを行います。その名も「新聞紙パズル」。今日の4人組で行います。

・事前に決めておいたグループ（4人以上）になる。

2 説明

◇新聞紙の入った封筒，セロハンテープ，（はさみ），マジックを配ります。前のワークで物品を取りに来た人の右隣の人（または私に一番近い人）が取りに来てください。

◇新聞紙が入った封筒をグループの真ん中に置きますが，「セロハンテープで元に戻します」と私が言うまで，新聞紙には触れないでください。……やり方は簡単です。バラバラになっている新聞紙をグループのみんなで協力して元に戻します。セロハンテープで貼って持っても離れないようにしましょう。

・はさみは，セロハンテープにカット部分がない場合に準備。マジックは，最後に名前を書くために使う。

・T2は，すぐに作業を始めようとしている生徒に声をかけて，新聞紙に触れるのを止めさせる。

3 展開

◇最初にあいさつをしましょう。「お願いします」

◇2分間作戦タイムをとります。どうやったら早く元に戻せるか，グループで話し合いましょう。

◇はーい，時間です。では新聞紙を元の状態に戻しますよ。協力して作業してください。終わったグループは新聞紙に4人全員の名前を書いて，前に持ってきます。よーい，スタート。

・最初に作戦タイムをとることで，作業時の話し合いの量が増える。
・作業が進んでいないグループはT1とT2でサポートして，ほかのグループと大きな差がつかないようにする。さりげなく役割分担（テープを切る係など）を促すのもよい。
・終わった順に壁などに貼っていく。

4 振り返り

◇協力して作業ができましたか？「役割分担がうまくできてうまく作業が進められた」と思うグループは手をあげてください。

◇一番速かったのはこのグループです。はい，拍手。

◇みなさんの作品を見てみましょう。速さだけでなく，今度は美しさに注目してみると，一番きれいにできているのはどれでしょう？　○○先生，どれだと思いますか？（T2が「これです」と指したあとに生徒たちに拍手を促す）

・速さだけでなく，美しさも評価する。

◇今日の作業の中で自分はどんな役割だったか思い返してみましょう。考えるのが得意な人，実際に動くのが得意な人，率先して作業をするのが好きな人，サポートするのが性に合ってる人など，いろんな人がいるからチームワークが発揮できるんですよね。

◇では，協力して新聞紙を元に戻したメンバーにあいさつをします。「ありがとうございました」

・人それぞれに得意なことがあることに気づかせ，人が協力し合ってものごとをやりとげる重要性にふれる。

新聞紙タワー

グループで相談しながら，高くて自立できる新聞紙タワーを作ります。

生徒の声 「みんなで意見を出し，手分けをして作業できた」「絶対無理と思ったけど，最後に立って感動した」

人数，時間：4人組（4人以上），15〜20分　　特　徴：言語的（自己開示なし）／非接触的
準　備　物：新聞紙各グループ5枚，セロハンテープ　　編　成：プログラムの中盤以降

■ 進め方

①新聞紙5枚を使い，高くて自立できるタワーを作るための作戦を練ります。

②グループで出し合った意見をもとにタワーを作ります。

③いっせいにタワーから手を離し，自立を維持できたら全員でハイタッチします。

■ ポイント・留意点

・協同的，目標達成的な活動なので，「関係をつくるワーク」の前に行うと効果的です。

・①自分の考えを伝える，②相手の意見を聴く，③折り合いをつけて協力し合う，の三つを意識させます。

・意見を出し合う場面や作業中，話し合いが活発にできないグループにはT2が支援に入り，イメージをもたせるために，「頭に浮かんでいることを言葉にしてみて」「どんな形にしようか？」などと問いかけ，生徒自身に言語化させます。

・生徒の実態によっては，言葉によってポジティブなフィードバックをし合うことに，心理的な抵抗を示す場合があります。振り返りでは，役割交流の中で無理なく伝え合う機会を設定します。例えば，T1が「いいアイデアを出してくれた人は？」と聞き，グループ内で「○○くん」などと声をかけます。「テープを切る役を買って出てくれた人は？」と聞いていき，メンバー全員で声をかけ合えるようにします。これは，「関係をつくるワーク」のウォーミングアップになります。

■ 展開例（20分）

教員のセリフ・行動	tips

1 導入

◇タワーには東京タワーやスカイツリーなどがありますが，今日は，新聞紙を使ってタワーを作る「新聞紙タワー」というワークをします。今日の4人組で行います。

・事前に決めておいたグループ（4人以上）になる。
・タワーの画像を見せたり，地域にあるタワーを例に出したりすると生徒はイメージしやすくなる。

2 説明

◇新聞紙5枚とセロハンテープを使って高いタワーを作ります。一番高いタワーを作ることをめざしましょう。高いだけではなく，10秒間手を離して立つものを作りますよ。

◇ルールを説明します。セロハンテープは新聞紙をとめるときだけに使用します。机や床，天井などにテープで直接，固定してはいけません。床に新聞紙を敷いてその上にタワーを作るのもNGです。

・ルールとポイントは板書や模造紙，スライドで提示するとよい。

◇ポイントは，①自分の考えを伝える，②相手の意見を聴く，③折り合いをつけて協力し合う，この三つを意識して取り組みましょう。

◇前のワークで物品を取りに来た人の右側の人（または私に一番近い人）が，新聞紙とセロハンテープを取りに来てください。新聞紙には触らないで待っていてください。

3 展開

◇最初にあいさつをしましょう。「お願いします！」

◇2分間作戦タイムをとります。

◇はじめましょう。制限時間は10分です。……あと4分です。……あと3分。……あと2分。……あと1分。はい，終了。

◇いっせいにタワーから手を離して，10秒数えます。はい，1，2，3，4，5，6，7，8，9，10。

・作戦タイムをとることで作業時の話し合いの量が増える。この際，ポイントの③を再確認してもよい。話し合っていないグループには，「頭に浮かんでいることを言葉にしてみて」とT2が促す。
・残り時間をカウントして時間を意識させ，作業を進ませる。
・作業が進まないグループにはT2が「どんな形にしようか？」などと問いかけ，生徒の意見を引き出す。

4 振り返り

◇自分のことを振り返ります。意見が言えたという人，手をあげて。ほかの人の意見を聞くことができたという人，手をあげて。最後です。協力し合えた人，手をあげて。

◇グループで振り返りをします。よいアイデアを出してくれた人は？　一生懸命新聞紙を丸めた人は？　ちょっとインタビューをしてみます（何組かに聞く）。

◇目標に向かって何かをやる体験だったり，正解がないものを作り上げる体験だったり，その体験の中で自然とできた役割を通して助け合えたのではないかなと感じました。

◇では，一緒にタワーを作ったメンバーにあいさつをしましょう。「ありがとうございました」

・一番高くできたグループやユニークなタワーを作ったグループなどに話を聞く。

・振り返りでは，お互いに協力し合ったことを意識させる。役割分担がポイントだったことを伝えてもよい。

私たちのお店屋さん

情報を共有しながらグループで協力して時間内に地図を完成させます。

生徒の声「みんなと意見を交換しながらお店の並びを正解できてうれしかった」「達成感があった」

私たちのお店屋さんヒント①
　花屋さんは上？　下？
①花屋さんは横断歩道の前
②郵便局の両隣は
　肉屋さんと花屋さん
③郵便局は四角い建物
私たちのお店屋さんヒント②
　喫茶店と薬局の間には
　２軒入っているよ

人数，時間：4人組（4人以上），15〜20分	特　　徴：言語的（自己開示なし）／非接触的
準　備　物：ワークシート，筆記用具，セット一式	編　　成：プログラムの中盤以降
（情報カード，店カード，白地図，答えの入った白地図）	

■ 進め方

①グループで，情報カードを配ります（各人同枚数）。
②自分のカードに書かれた情報を口頭で教え合い，14軒の店の場所を推理し，地図を完成させます。

■ ポイント・留意点

・グループ間の時間差を縮めるため，開始5分後，10分後にヒントを出します。なるべく全グループに終了させて達成感を味わわせましょう。
・「関係をつくるワーク」の前に，言葉を使うワークへの抵抗を下げたいときに行うと効果的です。
・生徒の実態によっては，言葉によってお互いにポジティブなフィードバックを伝え合うことに，心理的な抵抗を生む場合があります。そのため，展開例の振り返りは，言葉を使わず，挙手させる形をとりました。生徒の実態が，言葉を使うワークに積極的な場合や抵抗が下がっている場合は，振り返りの際に1分間，グループ内で感想を述べ合ってもよいでしょう。その後，T1が「個人的な感想でよいので，出た意見を全体で発表してくれる人はいませんか？」（発表→拍手）。「人の意見を聞くと，同じことを思っている人がいることがわかって安心しますよね」などと展開してもよいでしょう。ただし，発表者が出なければ無理はしないことです。

参考▶坂野公信監，日本学校グループワーク・トレーニング研究会（2016）．わたしたちのお店やさん．『改訂 学校グループワーク・トレーニング』図書文化．

■ 展開例（20分）

教員のセリフ・行動	tips

１ 導入

◇これから，「私たちのお店屋さん」というワークを行います。自分のカードの情報をみんなに伝え，情報を共有しながら協力して時間内に地図を完成させるゲームです。今日の４人組で行います。

・事前に決めておいたグループ（４人以上）になる。
・生徒の実態によっては，時間を短縮して設定できる。

２ 説明

◇スライドを見てください。道路を挟んでお店が７軒ずつ並んでいますが，どのお店がどの位置に入るのかわかりません。これから配るカードの情報をもとにみんなで話し合い，お店の並びを考えて地図を完成させましょう。

◇ワークで使う物を配ります。情報カード，お店のイラストカード，白地図の３点です。私に一番近い人が取りに来てください。

◇ルールを説明します。情報カードは，①ほかの人に見せたり，取りかえたりしてはいけません。②口頭でのみ自分の情報を伝えます。カードを見せてはいけません。ここまでで質問がありますか？

◇情報カードを配布してください。「どうぞ」と言いながら配りましょう。もらった人は，「ありがとう」と言いましょう。

◇お店のイラストは白地図の周りに置いてください。ほかの人に見せないようトランプのババ抜きのようにもちましょう。

・プロジェクターかA3の白地図を提示する。

・T1，T2が進んでいないグループに介入する。「何のカードを持ってる？」「これはここでいいかな？」など問いかけ，決定は生徒にさせる。
・５分を目安に１回目のヒントを示す。位置を確定するとほかがスムーズにいきそうな花屋さんの情報につなげられるようにヒント内容を提示する。生徒の実態によっては全体にヒントを出さず，遅れているグループのみ提示してもよい。

３ 展開

◇あいさつをしましょう。「お願いします」
◇時間は15分間です。では，始めてください。
◇５分経過です。１回目のヒントです（スライド提示→前ページ参照）。ヒントが必要なグループは前を見ましょう。
◇10分経過です。２回目のヒントです（スライド提示→前ページ参照）。ヒントが必要なグループは前を見ましょう。
◇終わったグループは，活動について話し合ってください。
◇はーい，時間です。終了してください。

・机間指導で遅いグループの支援をする。
・終わったグループに正解シートを渡し，話し合いを振り返らせる。終わっていないグループには終了までT2がつき，答えを導く質問をしながら，完成に向ける。
・早く終わったグループ用の振り返りシートを作成して書かせて行わせたほうが生徒の集中が維持できる。

４ 振り返り

◇どうでしたか？　完璧にできたグループは？（挙手）拍手！　役割分担が自然に行われたと思います。情報カードを配ってくれた人（挙手），たくさん意見を出した人（挙手），お店のイラストカードを座席表に置いた人（挙手），自分の情報を伝えた人，これは全員ですよね。はい，拍手！

◇最後にあいさつをしましょう。「ありがとうございました」

・振り返りでは，生徒一人一人がグループの中で役割を果たせたことを確認する。T1が，役割を一つずつあげながら，全員で拍手し，賞賛し合う。
・その他の振り返りの視点は，「この人の意見のおかげで話し合いが進んだ人は？」「みんなの意見をまとめた人は？」「ほかの人の意見に，いいねと言った人は？」などがある。

情報カード

1. 花屋さんの前に 病院があります。	2. ガソリンスタンドの隣に つり具屋さんがあります。
3. 郵便局は， 四角い建物です。	4. スーパーマーケットと そば屋さんは，四角い建物です。
5. 病院と ガソリンスタンドの間に 喫茶店があります。	6. スーパーマーケットの隣に 八百屋さんがあります。
7. 八百屋さんの前は書店です	8. 喫茶店と薬局の間には， 病院があります。
9. 郵便局の両隣は， 肉屋さんと花屋さんです。	10. 喫茶店の前が スーパーマーケットです。
11. 八百屋さんの隣に 花屋さんがあります。	12. そば屋さんの隣に おもちゃ屋さんがあります。
13. おもちゃ屋さんの前が つり具屋さんです。	14. 肉屋さんの前に 魚屋さんがあります。
15. 郵便局の隣に 肉屋さんがあります。	16. 肉屋さんは，お店の並びの はじにあります。
17. 八百屋さんは，真ん中にあります。	18. 喫茶店とつり具屋さんの間に ガソリンスタンドがあります。
19. スーパーマーケットの右側に そば屋さん，おもちゃ屋さんが 並んでいます。	20. 横断歩道の前には， 花屋さんがあります。

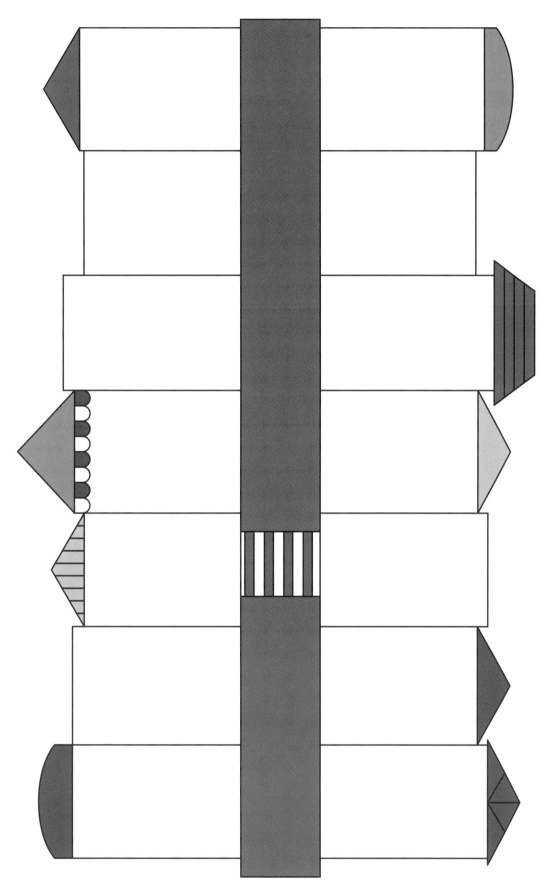

お店のイラストカード

魚屋さん	郵便局	花屋さん	薬局
病院	八百屋さん	書店	スーパーマーケット
喫茶店	ガソリンスタンド	おもちゃ屋さん	肉屋さん
つり具屋さん	そば屋さん		

正　解

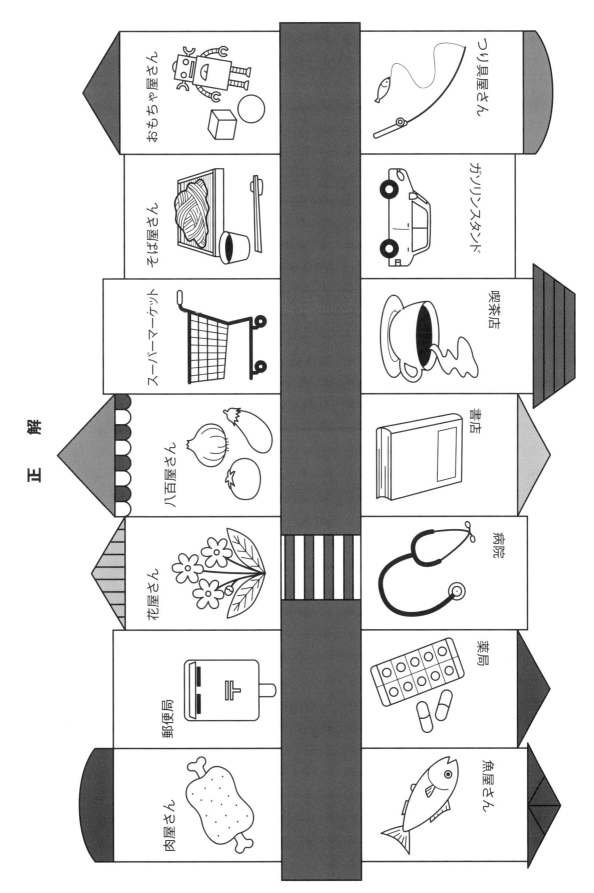

おもちゃ屋さん

そば屋さん

スーパーマーケット

八百屋さん

花屋さん

郵便局

肉屋さん

つり具屋さん

ガソリンスタンド

喫茶店

書店

病院

薬局

魚屋さん

121

ワーク11 印象は行動で決まる

教員が行うロールプレイ（2種類のあいさつ）を見て，印象を話し合う。

生徒の声 「相手からどう思われるか，わかった」「自分のふるまいや表情を意識していきたい」

人数，時間：4人組（4人以上），50分	特　徴：言語的（自己開示なし）／非接触的
準　備　物：ワークシート	編　成：プログラムの中盤～終盤

■ 進め方

① 「冷たい言葉とあたたかい言葉」のプリントを配り，感想を聞きます。

② 教員があいさつのロールプレイ（ぞんざい，ていねいの2種）を行い，「話し方，立ち居振る舞い，相手との距離，目線，声の調子，表情」の6項目について考えさせます。

③ グループで6項目について話し合います。

④ 話し合ったことをグループごとに発表します。

■ ポイント・留意点

・特に，ソーシャルスキルの再学習が必要な生徒が多い場合や，暴言等を予防したいときに実施すると効果的です。内面には同じ気持ちがあっても，行動が伴わないと相手に与える印象が大きく変わることを，生徒が納得できるように，段階的に確認します。

・生徒の実態（いじめの被害者等）によって，ワークシートの「冷たい言葉」が心理的負担になると考えられる場合は，「あたたかい言葉」のみを扱ってください。

・本ワークは，「ふわふわ言葉とチクチク言葉」（手塚，1998；三浦，1999）と「印象が行動で変わる」（原案　小関俊祐・桜美林大学　2014年度岩手県立不来方高等学校での実践）の二つのソーシャルスキルトレーニングのワークを組み合わせて作成しました。

参考▶小関俊祐，大谷哲弘，小関真美，伊藤大輔（2014）．東日本大震災被災高校生に対する集団認知行動的介入がPTSD症状と抑うつ症状に及ぼす効果．ストレスマネジメント研究，10（2），111-120.

■ 展開例（50分）

教員のセリフ・行動	tips

1 導入

◇今日のワークショップの目的は，「相手を大切にするとはどういうことか具体的にわかる」でした。具体的には，相手の目を見て話す，聴く，あいさつをする，「どうぞ」「ありがとう」「いいね」と言うことを実践してきました。いまから行うワークは，上級編になります。先生たちがロールプレイもしますので，人の印象は行動で決まることを一緒に考えたいと思います。

◇ワークは今日の4人組のまま行います。

・これまでの活動で，意識させたスキルを述べる。

・事前に決めておいたグループ（4人以上）になる。

2 説明

◇ワークは，「冷たい言葉とあたたかい言葉を考える時間」と，私たちが行うロールプレイで「行動と印象を考える時間」になります。

◇私に一番近い人が，シートと資料を取りに来てください。

3 展開

◇高校生が感じる「冷たい言葉」を見てください。これは実際に高校生から集めた言葉です。私が読みあげます。そのあとで，どんな気持ちになったかを聞きますので覚えておいてください。

◇「冷たい言葉」を聞いてどんな気持ちになったか，ワークシートの当てはまる個所に○をつけましょう。2個以上でもOKです。時間は1分です。終わったら鉛筆を置いて待っていてください。

◇グループで伝え合います。シートを取りに来た人の右隣の人から「私は○○の気持ちになります」と伝えてください。周りの人はよく聞いて自分と同じかどうかも確認してください。では，始めます。

◇そこまでです。どうでしたか？　4人が一致したところは？（挙手），同じ言葉を聞いても，みんなが同じ気持ちにはならなかったでしょう。つまり，「自分は何を言われても平気だから，相手も傷つかないだろう」とはならないということです。「相手を大切にする」は，「相手の気持ちを考える」から始めるということですね。

◇次に，行動が相手にどういう印象をもたれるかを考えます。先生がロールプレイで二つの場面を行います。どんな印象だったか覚えておき，その印象と結びついている話し方に注目します。観点は，「話し方，立ち居振る舞い，相手との距離，目線，声の調子，表情」の六つです。

◇X高校に練習試合に来たY高校という場面です。X高校の顧問の先生のところに，Y高校のキャプテンがあいさつに来ました。X高校の顧問を私，Y高校のキャプテンを○○先生が行います。

◇場面Aです。
（Y高校のキャプテン）「こんちわーす。……しくお願いしあーす」

・T1が読みあげ，生徒はプリント（スライド）を見る。

・冷たい言葉を自校で集めると，より生徒の実態にあったものになる。

・生徒の実態（いじめの被害者等）によって，心理的負担になると考えられる場合，「冷たい言葉」は省略する（→前ページ参照）。あるいは，読みあげずに，目読とする。

・「死ね」「うざい」という言葉を使う高校生に，その言葉を言われると嫌な気持ちにならないの？　と聞くと，「俺は言われても平気」「全然気にならない」という返答をする生徒がいる。本心はわからないが，ここでは，同じ「冷たい言葉」を聞いても，感じ方はそれぞれということを伝える。

・最初のロールプレイの場面では，Y高校のキャプテン役の教員は，ぞんざいな感じであいさつをする。次の六つの観点で，ダメ出しができるように，事前に練習を行う。話し方，立ち居振る舞い，相手との距離，目線，声の調子，表現。

参考▶手塚郁恵（1998）．ふわふわ言葉とチクチク言葉．好ましい人間関係を育てるカウンセリング．学事出版．
三浦康子（1999）．ふわふわ言葉とチクチク言葉．國分康孝監修．エンカウンターで学級が変わる・ショートエクササイズ集．図書文化．

（X高校の顧問）「あ，はぁ，はい」

……どういう印象をもちましたか？　キャプテンがあいさつをするとき，「話し方，立ち居振る舞い，相手との距離，目線，声の調子，表情」はどうだったでしょうか？　もう一度，やりますので，よく観察してください。ワークシートに気づいたことをメモしましょう。

◇グループで，話し方などの観点ごとに，自分が記入した内容を伝えます。聴いている人は，自分が書いていないことを赤ペンでつけ足します。話し方を例にすると，「私は，ちわーすは話し方がていねいでないと思いました。以上です」のように1人20秒以内で伝えます。4人全員が終わったら，次の立ち居振る舞いに移ります。最後に，全体の印象を伝えます。すべて終わったら，つけ足しがないか確認して待っていてください。時間は8分です。

◇時間です。では，発表してください。発表者は「最初はグー，ジャンケンポン」で勝った人です（観点ごとに発表させる）。

◇ありがとうございました。みなさんが言っていたように，振る舞いはいいものではなかったです。結果，印象も悪かったですね。

◇今度は場面Bです。

（Y高校のキャプテン）「こんにちは。Y高校の□□と申します。今日はよろしくお願いいたします」

（X高校の顧問）「はい。こちらこそよろしくお願いします」

……どんな印象をもちましたか？　キャプテンがあいさつをするとき，「話し方，立ち居振る舞い，相手との距離，目線，声の調子，表情」はどうだったでしょう？　もう一度やります。観察してください。

◇4人組で話し合います。さきほどと同様，記入した内容を観点ごとに伝えます。聴いている人は，書いていないことがあれば赤ペンでつけ足します。話し方を例にすると，「私は，申します，お願いいたします，などていねいな話し方だったと思います。以上です」のように1人20秒以内で伝えます。全員が終わったら次の立ち居振る舞いに移ります。全体の印象まで終わったら，つけ足すことがないか確認して待っていてください。時間は8分です。

◇はい，時間です。発表してもらいます。発表者は場面Aで発表した右隣の人が行います（観点ごとに発表させる）。

◇ありがとうございました。みなさんが言っていたように，振る舞いはていねいなものでした。その結果，印象はよかったと思います。ていねいなあいさつをしてくれたときは，言われる側の先生もていねいにあいさつを返していましたよね。相手の行動にも影響を与えていたことにも気づきましたか。

◇ここでキャプテンに，どういう気持ちで言っていたのか聞いてみ

・ロールプレイを見るときの観点を示す。

・T1は，生徒がワークシートに記入できているか観察し，ロールプレイを何回繰り返すか判断する（次の場面2も同様）。

・T1は，話型のモデルを示す。

・場面Bでは，Y高校のキャプテン役は，元気よくていねいなあいさつをする。六つの観点すべてでよい点がつくようにロールプレイする。

（場面A・B話し合い時の留意点）

①T1，T2で話し合いの様子を観察し，どの観点まで進んでいるかを把握し，残り時間を調整する。

②話が長い生徒には，「記入したポイントを伝えるといいね」と介入する。

③早く終わったグループが手持ち無沙汰にならないよう，場合によっては，途中のグループがあっても「時間です」と打ち切り，途中で終わったグループに前半部分の発表を，最後まで終わったグループには後半の観点の発表を担当してもらう。

④発表者の決め方はクラスの状態によって考える。

⑤発表について，T1がコメントをする。

教員のセリフ・行動	tips
ましょう。（インタビュー調で）場面Aのキャプテン，どんな気持ちであいさつをしたのですか？ （Y高校のキャプテン）「いつもお世話になっている先生だ。ありがたいな，です」……そうでしたか。では，場面Bのときは？ （Y高校のキャプテン）「いつもお世話になっている先生だ。ありがたいなです」 ◇みなさん，聴きましたか？　どちらのキャプテンも同じように感謝の気持ちをもっていたんですね。ここからわかることは「印象は○○で決まる」です。○○に入る言葉をグループ内で，いっせいに言います。「せーの，はい」。何が入りましたか？　そう，「印象は行動で決まる」です。 ◇「話し方，立ち居振る舞い，相手との距離，目線，声の調子，表情」で相手側の受ける印象が大きく異なることがわかりました。 ◇そうすると，SNSは怖いなと思いませんか？　文字だけなので会話と同じ感覚で使うと誤解される可能性があるということです。SNSの使い方について，気をつけなくてはならないのは今日やったことからもわかると思います。 ◇実際に高校生が感じている「あたたかい言葉」を見てください（プリントかスライド）。読みますので，どんな気持ちになったか覚えておいてください。……どんな気持ちになりましたか？ ◇あたたかい言葉かけには，パターンがあります。一つ目は，相手の様子や態度から相手の気持ちを言葉にするものです。「大変だったね」「残念だったね」がこれにあたります。二つ目は，相手に対する自分の気持ちを伝えるものです。「がんばっているね」「心配しているよ」などです。三つ目は，今後に向けて肯定的な言葉を添えるものです。「今度は〜だといいね」などがあります。あたたかい言葉を使って，お互いあたたかい気持ちで生活できるといいですね。 ◇最後に，実際にみなさんの先輩たちが感じていた「クラスのプチいいところ」を伝えます（読みあげる）。どうでしたか？　みなさんも「プチいいところ」がたくさんできるクラスにしたいですね。そのために，自分はどんなことに気をつけようと思いますか？　ワークシートに記入してください。時間は3分です。 ◇それでは，グループで共有します。私に一番近い人から時計回りに発表してください。では，どうぞ。	・この活動のポイントになるところ。悪い印象の場面Aとよい印象の場面Bでも，キャプテンの気持ちは同じ「感謝している」ということで，気持ちがあっても，行動に移さないと相手に与える印象が大きく変わることを，生徒が腑に落ちるように確認する。 ・最初に「人の印象は行動で決まる」と言っているので，時間をかけずに進める。 ・SNSの指導は，プログラムの主目的ではないので，簡単にふれる程度にとどめる。 ・あたたかい言葉についてまとめる。 ・まとめの導入なので，何人かに答えてもらうだけよい。 ・実際に自校で集めて伝えられると「自分が入学したこの学校の先輩が考えていること」が伝わる。 ・クラスをよくするために，生徒自身が何をするかを考えさせ，記入させる。 ・学級経営に生かし，この「クラスの「プチいいところ」を作るために自分ができることを学級通信等で紹介するとよい。

4 振り返り

◇考えたこと，思ったこと，気づいたことを大切し，お互いにあたたかい言葉をかけ合いながら，学校生活を送っていきましょう。気持ちを込めてあいさつをします。「ありがとうございました」	・今後の学校生活に生かしていくよう促す。 ・このあと，ワークシートを回収する。

125

印象は行動で決まるシート

年　組（　　）＿＿＿＿＿＿＿＿＿＿＿＿＿

1 「冷たい言葉」を言われたら，どんな気持ちになりますか？

怒り ・ 不愉快 ・ 悲しみ ・ がっかり ・ さびしい ・ 不安 ・ 心配 ・ 情けない ・ とまどう ・

憎む ・ 困る ・ 嫌い ・ 心が痛む ・ 落ち込む ・ 悔しい ・ つらい ・ 苦しい ・ みじめ ・

その他（ 　　　　　　　　　　　　　　　　　　　　　　　　　　　　　　　　　）

2 2つの場面の印象はどうでしょうか？

場面A		場面B	
話し方		話し方	
立ち居振る舞い		立ち居振る舞い	
相手との距離		相手との距離	
目線		目線	
声の調子		声の調子	
表情		表情	
全体の印象		全体の印象	

3 クラスの「プチいいところ」をつくるため，自分ができることは？

126

冷たい言葉・態度例

●否定される

おまえ使えねーな／帰っていいよ／まじめにやって／勉強しろよ／そんなこともできないのか／何やってんだ／ふざけんな／ダメだな／こんなもんか／めんどうくさい／普通だね／たいしたことないね／興味ない／やりたくない／どうせ○○ちゃんは／ちゃんと聞いてる？／話を最後まで聞け／帰るって言ったなら帰れよ／意味わかんない／は？／「え」って強く聞き返される

●悪口・陰口

バカじゃないの／あほ／うざい／うぜーな／嫌なんだけど／むかつく／くそ／変／おかしい／きもい／気持ち悪い／嫌い／死ね／邪魔／あっち行って／こっち来ないで／消えろ／最低／うるせえ／だまれ／ぼっち／最悪だな／学校に来るな

●強要される：一発芸やって／何かやってよ

●テキトーな対応：そうなんじゃない？／どうだろう／そうかもね

●身体に関して：小さいね／やせろ／体が細い／目が怖い

●性格に関して：まじめだね／ネクラ／がさつ

●遠ざけられる：もういいよ／何でもない／ほっといて／どうでもいい／無視される

あたたかい言葉・態度例

●ほめる

面白いね／すごいね／運動ができるね／上手だね／やさしい／センスがあるね／気が回るね／頭が回るね／謙虚だね／よかったね／最高だね／かわいいね／前よりよくなったね／がんばっているね／強くなったね／尊敬するよ

●励ます

がんばれ／ファイト／ドンマイ／一緒にがんばろう／○○ちゃんなら大丈夫／おしい！／あなたは一人じゃない／私たちがいるんだよ／いつでも話を聞くよ

●感謝する

ありがとう／助かる／感謝してるよ／手伝ってくれてうれしい／○○ちゃんがいてくれてよかった／心強いよ／○○ちゃんのおかげだよ

●気遣う

大丈夫？／無理しないで／手伝えることある？／手伝うよ／相談してね

●協力し合う：一緒に○○やろう／一緒にいると楽しい／協力して進めよう

●あいさつ：おはよう／また明日ね／またね

●素直な気持ち：ごめんね／おめでとう／大好き／うれしい／楽しいね／遊ぼう

関係をつくる

ワーク 12 質問ジャンケン

勝ったほうがシートの中から聞きたい質問を選び，両者がそれに答えます。

生徒の声「同じ趣味の人が見つかった」「同じ話題で盛り上がった」

質問ジャンケンシート

好きな食べ物は何ですか	休日は何をしていることが多いですか？
好きな色は何色ですか？	
好きな季節はいつですか？	行ってみたい国はどこですか？
好きな歌手はだれですか？	最近ははまっていることは何ですか？
好きな教科は何ですか？	
好きな言葉は何ですか？	いま一番ほしいものは何ですか？
おすすめの本（マンガ）は何ですか？	
	趣味は何ですか？
好きなマンガのキャラは何ですか？	得意なことは何ですか？
	尊敬する人はだれですか？
好きなテレビ番組は何ですか？	宝物は何ですか？
部活動は何ですか？	将来の夢は何ですか？

人数，時間：2人組，10分	特　徴：言語的（自己開示あり）／非接触的
準　備　物：質問ジャンケンシート	編　成：プログラムの中盤以降

■ 進め方

①2人組をつくり，向かい合って座ります。

②ジャンケンをして勝った人が「質問ジャンケンシート」の中から項目を一つ選び，質問します。

③負けた人は，質問に答えたら「○○さんはどうですか？」と同じことを聞きます。

④パートナーをチェンジして繰り返し行います。

■ ポイント・留意点

・ジャンケンに勝った人からされた質問に，自分が答えた後，同じ質問をして返すことで，コミュニケーションの型とテンポを感じさせます。聞いてもらったら聞いて返すことも大切です。

・質問することは相手に「関心がある」「かかわりたいと思っている」というメッセージを伝えることになり，かかわりを始めるために有効な方法です。

・質問ジャンケンシートを配ることで，かかわることが苦手な生徒も，「質問を考えなくてもできる」と見通しをもたせ，不安や活動への抵抗を予防できます。

・固定化した人間関係の打開策として行う場合は，「今日の2人組」に固定せず，展開例のように，多くの人とかかわる機会をつくるとよいでしょう。また，展開例では，自己開示の導入的な位置づけで行っていますが，生徒の実態が言葉を使うワークに抵抗がない場合や，プログラム後半であれば，「なぜそうなのか」という理由をつけ加えてもよいでしょう。

　参考▶赤川智子（1996）．質問ジャンケン．國分康孝監，岡田弘編『エンカウンターで学級が変わる 小学校編』図書文化．

■ 展開例（10分）

教員のセリフ・行動	tips

1 導入 ─────────

◇お互いのことを知り合うワークをしましょう。お互いに自己紹介を
してもよいですが，何を聞いていいかわからないという人もいるで
しょう。安心してください。質問する内容がシートに書いてありま
す。前のワークで物品を取りに来た人の右隣の人（または私に一番
近い人），シートを取りに来てください。

◇2人組で向かい合って座ってください。お互いの膝の間を握りこぶ
し1個分くらいあけて座りましょう。

・ジャンケンの相手をローテー
ションで変えていくので，列
になるように整然と座らせる。

・活動の形をつくることも関係
づくりを促進する効果がある。

2 説明 ─────────

◇やり方を説明します。ジャンケンをして勝った人が，質問する内容
をシートの中から一つ選び，相手に質問します。相手の人は答え終
わったら，同じ質問をします（質問項目を読みあげる）。

◇すぐに答えが思い浮かばなかったときは，「わかりません」「答えら
れません」と言ってパスしても OK です。

◇○○先生と私でやります。「ジャンケン，ポン」，私が勝ったので質
問します。「○○さんの好きな色は何ですか？」，「緑です。□□さ
んの好きな色は何ですか？」「青です」……なんでそうなのかとい
う理由は言わずに，短く答えます。1分経ったら，メンバーチェン
ジして同様に行います。それぞれの窓側の列が動きます。一番後ろ
の人が前に来て，一つずつ後ろにずれます。最初に「お願いしま
す」と最後に「ありがとうございました」とあいさつします。

・答えられない場合はパスでき
ることを伝え，活動に対する
安心感を与える。
・T1 と T2 でモデルをみせる。
・自己開示の導入として本ワー
クを行う場合は，理由は言わ
ないが，生徒の実態等によっ
ては，「なぜそうなのか」とい
う理由をつけてもよい。
・メンバーチェンジがスムーズ
に行えるように，最初に動き
方を指示する。

3 展開 ─────────

◇あいさつをします。「お願いします」時間は1分です。はじめ。

◇時間です。いまの質問で終わりです。あいさつをします。「ありが
とうございました」……質問したけれど，相手の話を覚えていない
という人はいませんか？　いますよね，いいんです。緊張していた
り，何を聞こうか考えていたりするとそんなこともあります。

◇メンバーチェンジします。窓側の列の一番後ろの人，手をあげてく
ださい。その人は，一番前に来て，ほかの人は後ろに一つズレます
（1分ごとにメンバーをかえて繰り返す）。

◇はい，時間になりました。いまの質問で終わりです。

・テンポよく進めるために，時
間を意識させる。大きめのキッ
チンタイマーなどを使って，
限られた時間であることを意
識させてもよい。
・緊張して質問を選ぶのがやっ
とだったという生徒をフォロ
ーする。自分だけではないこ
とに気づかせ，安心感をもた
せる。
・指示で動けない生徒には T2
がサポートする。

4 振り返り ─────────

◇いかがでしたか。相手に質問することは「あなたに関心がありま
す」というメッセージになります。聞かれるほうは，「関心をもっ
てくれて，うれしいな」という気持ちになります。心と心のふれ合
いの出発点は，お互いに関心をもち合うことなんですね。

・質問することの意味を語り，
相手に関心をもつことの大切
さについて語る。

関係をつくる

ワーク 13 サイコロトーク

１人ずつサイコロを振り，出た目の内容について話します。

生徒の声「決められたお題なので話がしやすかった」「みんなの話が聞けてよかった」

お題シート１

❶ 好きな食べ物（または好きな飲み物）
❷ 好きな有名人（芸能人，スポーツ選手，歴史上の人物など）
❸ 好きな本，マンガ，アニメ
❹ 好きなテレビ番組（または好きな映画）
❺ 好きなスポーツ（自分が行う／観戦する）
❻ 好きな季節

お題シート２

❶ 高校生活で楽しみにしていること
❷ 休日によくすること
❸ 自分の好きなこと，得意なこと
❹ 行ってみたいところ
❺ 今年１年間の目標
❻ もしも願いがかなうとしたら？

人数，時間：4人組（4人以上），15～20分　　**特　徴**：言語的（自己開示あり）／非接触的
準 備 物：サイコロ，お題シート（2種類）　　**編　成**：プログラムの中盤

■ 進め方
①サイコロを振って出た目のお題について話します。次の人にサイコロを渡し，繰り返します。
②お題シートを変えて同様に行います。

■ ポイント・留意点
・メンバー間の交流を進めたいとき，自己開示をさせたいときなどにおすすめです。
・お題シートを複数枚用意し，自己開示レベルを段階的にあげていくとよいでしょう。
・ワークショップが丸１日行えるときは本ワークを２回行うことも可能です。この際，グループメンバーが変わっても同じ内容を話すと，ワークの雰囲気が少し停滞することがあります。そのため，お題シートは，１回目２種類＋２回目２種類の計４種類用意したいところです。お題の内容は，生徒の実態に合わせて段階ごとに自己開示レベルを若干上げていくとよいでしょう。

バリエーション　アドジャントーク〔人数，時間：4人組以上，15～20分　準備物：なし〕

　サイコロの代わりに手指を使います。指を立てない状態（ジャンケンのグー）は0，1本指を立てれば1，2本は2というように，0～5まで6種類の手を出すことを説明します。いっせいに「アドジャン」と言い，グループ全員で手を出し，指の数の合計で数字（10以上は1桁目の数）のお題について１人ずつ話します（個別のお題ではなく同じお題について話す。0～9のお題シートを用意）。流れと留意点は「サイコロトーク」と同様です。

　参考▶相澤道代（1996）．サイコロトーキング．國分康孝監，岡田弘編『エンカウンターで学級が変わる 小学校編』図書文化．

■ 展開例（20分）

教員のセリフ・行動	tips

1 導入 ————————

◇サイコロを振って出た目のお題について話す「サイコロトーク」を行います。今日の4人組で行います。

・事前に決めていたグループ（4人以上）になる。

2 説明 ————————

◇最初に私がやります。サイコロを振って1が出ました。お題シートの1は「好きな食べ物」なので，こんなふうに話します。「私の好きな食べ物はバナナです。理由は，おいしくて栄養たっぷりで，腹持ちがいいからです。以上です」。自分が話し終わったら「どうぞ」と言って，右隣の人にサイコロを渡します（T2に渡す）。受け取ったら「ありがとう」（T2が言う）と言います。

・話す型を示す。型は配布するお題シートに記載しておくとよい。（話すときの型「私は○○です。理由は～だからです。以上です」）
・T1がお題について話す内容は，自己開示のレベルの深さをモデルとして示すことになる。入学初期は浅いレベルで十分に効果が得られる。
・サイコロを渡すとき，受け取るときの行動を示す。

◇今日のねらいは「相手を大切にするとはどういうことか具体的にわかる」です。右隣の人に渡すときは「どうぞ」，受け取る人は「ありがとう」でしたね。あと，大切なことが二つあります。一つは，話をするときはグループの人の顔を見て話し，聴くときは話している人の目を見ることです。二つ目は，話は最後まで聴くこと。話の途中で「そうだね」などと割り込まないようにします。

◇3周終わったら最後の人は手をあげて，4周目に入ってください。1回目と同じ目が出た人はもう一度振ってもいいです。

・何周ではなく，時間で区切ってもよい（例：3周→5分）。

3 展開 ————————

◇お題シート1とサイコロを配ります。前のワークで物品を取りに来た人の右隣の人（または私に一番近い人）が取りに来てください。

◇サイコロを取りに来た人から始めてください。……いま話している人が終わったら終了です。

◇話題を変えるためにお題シート2を配ります。いま最後だった人はサイコロを右隣の人に渡して，お題シートを取りに来てください。

・時間がない場合には，お題シート②は省略する。

◇今度も3周です。シートを持って行った人から始めて全員終わったら4周目に入ります。お題シート2は1の中身より少しだけ深いんです（お題を読み上げる）。話してもいいという範囲で話してください。「パスします」と言ってサイコロを振り直してもOKです。

・話しにくいケースを想定して，あらかじめ対応を伝え，安心感を与える。

◇では，始めてください。……全チームが終わりました。いま話している人が話し終わったら終了です。

4 振り返り ————————

◇お題の2は，少し深い内容ですから，ここで聞いた話の内容はほかで話すことは禁止にします。話題にするのは，お題シート1の好きなものシリーズのお題だけにしてください。

・「ここだけの話」にすることで，安心感を与える。

◇最後にあいさつをしましょう。「ありがとうございました」

ワーク 14

今年の漢字

今年の願いや思いを表す漢字一文字を考えて，創作的に書き表します。

生徒の声「人の願いや目標を聴き，共感できた」「自分の思いを真剣に聴いてもらえてうれしかった」

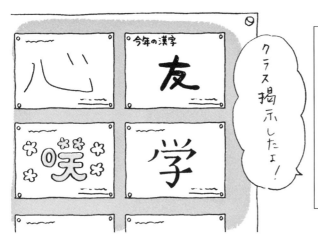

今年の漢字ヒントカード

和	躍	飛	翔	誠	盛	勢
華	新	伸	正	攻	真	早
笑	仲	満	生	拓	喜	耐
健	勝	咲	動	学	愛	創
美	考	相	会	活	遊	語
楽	律	立	進	努	心	友

人数，時間：個人→4人組（4人以上），10〜15分	**特　徴**：言語的（自己開示あり）／非接触的
準　備　物：ワークシート，ヒントカード，マジック	**編　成**：プログラムの終盤

■ 進め方

①今年の高校生活の願いや大切にしたいことを表す漢字一文字を考えます。

②思いつかない生徒のために，候補の漢字を並べた「今年の漢字ヒントカード」をスライドに映すか用紙を配布します。

③考えた漢字を用紙にマジックで書きます。

④一人ずつ自分の選んだ漢字を発表します。

⑤最後に書いた理由をグループで話します。

■ ポイント・留意点

・高校生活の願いや思いを表現するワークなので，基本的にはプログラムの終盤に組み入れることを検討します。

・マジックの色の種類を多くしたり，ワークシートを色のついた紙にしたりすると，生徒の表現の幅が広がります。また，教室に掲示したときに一つの作品としてクラスで共有することができ，一体感が生まれます。

・十分に時間をかけたり，T2がサポートに入ったりすることで，どの学校でも実施できます。

・新入生オリエンテーションだけでなく，学期始めなどの節目で行うことも考えられます。

 参考▶青木将幸（2013）．漢字一文字で表すと？．『リラックスと集中を一瞬でつくるアイスブレイクベスト50』ほんの森出版．

■ 展開例（15分）

教員のセリフ・行動	tips

1 導入 ─────────

◇自分のいまの気持ちを漢字一字で表すワークをします。今日の4人組で行います。

・事前に決めていたグループ（4人以上）になる。

2 説明 ─────────

◇みなさんは「今年の漢字」を知っていますか。20××年は，『○』でした。今日は，みなさん自身が考える「今年の高校生活の願いや大切にしたいこと，思い」を漢字一字で表してもらいます。

◇私と○○先生（T2）の今年一年間の思いを込めた一字を見せます。どんな字をどんなふうに書いているか見てください（例を提示）。

◇では，いまは真ん中を向いていますが，くるっと外側を向いて背中を中心に向けて，一人一人で考えてください。時間を1分間とります。どんな漢字にしようか，浮かばないという人はスライドのほうを見て参考にしてください。……はい，時間です。

◇前のワークで物品を取りに来た人の右隣の人（または私に一番近い人）が用紙とマジックを取りに来てください。

・20XX年『○』には前年の「今年の漢字」を入れて紹介する。
・事前に教員が書いたものをスライド（または大きな紙）で提示する。生徒のモデルとなるように，簡単な漢字で，大きさ，字体，色，模様を考えて見本を作成する。
・体育館などで行う場合，集中して考えられるように，背中合わせになるよう指示する。
・漢字の例を示す（→前ページ「今年の漢字ヒントカード」）。

3 展開 ─────────

◇大きさ，字体，色は自由です。模様をつけてもOKです。自分の思いにぴったり合うように書いてください。理由も言えるようにしてください。時間は5分です。ほかの人と相談しないで行いましょう。

◇あと2分です……1分です。はーい，そこまでです。

◇次に，グループ内で書いた漢字の説明をしてもらいます。話す型は「私の一字は，これです」と言いながらワークシートをみんなに見えるようにします。「これを書いた思いは，〜です。以上です」と話します。例えば，説明のときに見せた私の漢字（例：「会」）だったら，「私の一字は，これです。これを書いた思いは，みなさんとの新しい出会いを楽しみながら，さまざまな機会に会話をしていきたいと願っているからです。以上です」となります。時間は1人30秒です。ワークシートを取りに来た右隣の人から話してください。

・書けない生徒には，T2がヒントになる漢字一覧を示しながら，生徒の思いや願いを引き出すように支援する。生徒の目線と同じ高さで行うとよい。
・時間のカウントは，生徒の進みぐあいを見ながら行う。
・紙板書またはスライドで話型を示すとよい。
・T1（時間があればT2も）は，生徒のモデルになるように話型に従い，自分の書いた漢字について理由を話す。担任が学級経営に関する思いを伝える機会になる。時間があれば，副担任も今年の願いを伝える。

4 振り返り ─────────

◇私たちはご縁があって出会ったのですから，高校生活をスタートさせるみなさんそれぞれが，いまの思いを大切にしましょう。この思いや願いをグループの人だけではなく，クラス全体で共有したいと思います。集めて模造紙に貼って掲示しますので漢字のシートに名前を書いてください。

◇では，最後にあいさつをします。「ありがとうございました」

・振り返りでT1の思いを伝える。

いいとこ四面鏡

一緒に活動をしてきたメンバーのいいところを探して伝え合います。

生徒の声「自分がどう思われているかわかって安心した」「みんなのよいところを見つけることができた」

人数，時間：4〜5人組，25〜30分	特　徴：言語的（自己開示あり）／非接触的
準　備　物：雑誌，本，はさみ，のり，マスキングテープ	編　成：プログラムのまとめ

■ 進め方

① 4人組をつくり，背中合わせで輪になって座ります。

② ワークシートに自分の名前を書き，左隣の人に渡し，右隣の人のワークシートを受け取ります。

③ 右隣の人の印象に合う言葉を三つ選び，○をつけます。次に，シートを左隣の人に渡します。

④ ワークシートが1周したら向かい合って輪になり，○をつけた理由を1人ずつ聞き合います。

■ ポイント・留意点

・ワークショップのまとめに行います。

・メンバーによい印象を語ってもらうことが，自己の肯定的側面に目を向ける契機になります。

・ポイントは，形容詞の数と○をつける数の選択になります。ワークショップ全体が2時間で，本ワーク自体が25分程度の活動であれば，形容詞30項目，○をつける項目は三つが目安です。形容詞の種類や○をつける数が多いと時間がかかります。

・生徒から「自分がどうみられているかわかって安心した」という感想が得られることが大切です。そのためには，ワークシートの形容詞の種類や内容を，生徒の実態に応じて考えることが重要になります。資料のワークシート（→137ページ）でいうと，例えば，「まじめ」は思春期の子どもにとって「面白味のない」や「つまらない」という意味にもなりかねないため，また，「寛容」などは意味の理解がむずかしい可能性があるため，ほかの形容詞に変更しました。

参考▶河村茂雄編著（2001）．『グループ体験による タイプ別学級育成プログラム 中学校編』図書文化．
川崎知己（1996）．私の四面鏡．國分康孝監．『エンカウンターで学級が変わる 中学校編』図書文化．

■ 展開例（25分）

教員のセリフ・行動	tips

1 導入 ────────────

◇最後に「いいとこ四面鏡」というワークをします。今日のワークショップを通して，話をしたり聴いたりしてきましたが，人の話を聴くと「この人はこういう人なのかな」「こんな印象があるな」と思いますよね。グループでそれぞれの印象やよさを伝え合いましょう。

◇ワークシートを配ります。前のワークで物品を取りに来た人の右隣の人（または私に一番近い人）が取りに来てください。

・これまで一緒にワークを行ってきたグループ（4〜5人）になる。

2 説明 ────────────

◇やり方を説明します。「いいとこ四面鏡シート」には1〜30まで，いろんな形容詞が書いてあります。読みあげます。

◇最初に私と○○先生でやってみます。まず，自分の名前をワークシートの一番上に書きます（実際に記入）。○○先生（T2）から見た私だとすると，○○先生の名前は，一番左の「（　　　）さんから見た私」のカッコの部分に，○○先生自身が名前を書きます（実際に書く）。そして，○○先生が私に対してもった印象として当てはまると感じる言葉に三つ○をつけます。では，つけてください。○○先生から見た私の印象は，「面白い」「しっかりしている」「親しみやすい」ということだとわかりました。自分のよい印象を言ってもらえるとうれしいですね。ありがとうございました。

◇もしも迷ったら，「直感でこれという言葉」「近いかなと思う言葉」を選んで○をつけてくださいね。

・シートの内容は139ページ参照。

・スライド資料または模造紙大の大きさに拡大して，実際に記入しながら説明する。

・形容詞の内容は実態に合わせて検討する（→前ページ）。

・生徒が迷ったときの，選択の仕方を示す。

3 展開 ────────────

◇私の指示に従っていっせいに行います。まず，グループで背中合わせの輪になって座ります。ワークシートの1番上に自分の名前を書きます。……全員書き終わったようですね。では，左隣の人に「どうぞ」と言ってワークシートを渡します。受け取るときは「ありがとう」と言って受け取ります。このとき，自分が「どうぞ」と言った瞬間に右隣の人から「どうぞ」と言われるとあいさつがしにくいですね。さっきワークシートを取りにきた人を1番として時計回りに渡します。1番の人が「どうぞ」と言って2番が受け取って「ありがとう」と言い，次に2番に3番が渡して，あいさつを交わすというように，一瞬間をあけて，あいさつのリレーをしましょう。

◇受け取ったら，下の左の欄に自分の名前を書いて，右上に名前が書いてある人の印象に当てはまるものに三つ○をつけます。終わったら裏返しにして待っていてください。私が回してくださいというまで回さないでください。全員書き終わったようですね。では，左隣の人に「どうぞ」と言ってワークシートを渡します。受け取るとき

・背中合わせにすることで，自分がどこに○をつけられているか，気にならないようにする。

・いっせいに行うために，書き終わったらペンを置いて，裏返しして待つという指示をする。指示が通っていない生徒にはT2がさりげなく近寄って，指示を伝える。

・最後にグループのメンバーからプラスの評価をもらう場面なので，「どうぞ」「ありがとう」が不十分の場合でも，このワークの遂行を優先させる。仮にできていないとすれば，なぜスキルの遂行が定着しなかったのかを考えること自体が見立てにつながる。

は「ありがとう」と言って受け取ります。1番左に名前を書いた人の隣の欄に自分の名前を書き，さきほどと同様に三つ○をつけます（全員にシートが回るまで行う）。

◇4人組はそのまま待っていてください。5人組のグループだけ左隣に渡します。では，どうぞ。はい，5人組のところが終わりました。今度回ってくるシートは自分自身のものです。それではいっせいに左隣の人に回します。どうぞ。手に渡ったら見てください。

◇（1分後）いまから○をつけた理由をお互いに伝え合う時間にします。まずは，体を円の中心に向けます。

◇話すときの型は，「私が○○さんについて，□□（形容詞）に○をつけたのは，△△のときに，〜と思ったからです」とします。例えば，「私が○○さんについて，『頼りになる』に○をつけたのは，お店屋さんのワークのときに，ほかの人の意見をまとめていたからです」といった感じです。

◇だれと話すかを示します。前のスライドを見てください。座っている位置と一致する番号が自分の番号です。自分の番号のときに手をあげてください。1番の人（挙手），2番の人（挙手），3番の人（挙手），4番の人（挙手），5番の人（挙手）。

◇1回目は，1番と2番の人，3番と4番の人です。5人グループは3番，4番，5番の人です。番号の小さい人から話します。4番と5番の人は3回とも同席するので，1回目だけお互いに伝え合います。時間は1人1分ずつです。1分たったら交代します。では，どうぞ。……交代してください。……はい，終わりです。

◇2回目になります。1番と3番，2番と4番です。5人グループは1番，3番の人と2番，4番，5番の人です。同じように番号の小さい人から話します。1分たったら交代します。どうぞ。……1分たちました。交代してください。……終わりです。

◇3回目になります。1番と2番の人，座っている場所をチェンジします。1番と4番，2番と3番になります。5人グループは2番，3番の人と1番，4番，5番の人です。同じように番号の小さい人から話します。話し終わったら交代です。では，どうぞ。

④ 振り返り

◇理由を聴いてどうでしたか？　「こう見られているんだ」「よい印象を言われてうれしかった」など，いろいろあるでしょう。この1年，お互いにいいところを見つけ合いたいですね。ワークはこれで最後です。一緒に過ごしたメンバーに感謝の気持ちを込めて，大きな声であいさつをしましょう。「ありがとうございました」

- ・いっせいに見たほうが一気によい雰囲気に変わる。
- ・○をつけた理由を伝えるときの話型を示す。
- ・最後のワークなので，自由に話させてもいいのではという意見もあるが，これまでの実践で，最後こそ明確に指示をしたほうが，いい雰囲気で終われる印象がある。
- ・話す相手を明確にするため，視覚的にわかるようにする。
- ・話すことが苦手な生徒が多い場合は，1人30秒とするなど時間設定を変える。

1回目：理由を伝え合うペア

2回目：理由を伝え合うペア

3回目：理由を伝え合うペア

- ・他者から自分のイメージを語ってもらうことで，自分も気づかなかった肯定的側面に目を向けさせる。
- ・今後も引き続き，クラスメイトのよいところを見つけていくよう促し，明日からの高校生活につなげる。

いいとこ四面鏡シート

年　組（　　）_____

■グループの人に渡し，あなたの「よいところ」を
　三つ選んで枠の中に○をつけてもらいましょう

		（　　　）さん から見た私	（　　　）さん から見た私	（　　　）さん から見た私	（　　　）さん から見た私
1	頭のよさそうな				
2	頼りになる				
3	責任感のある				
4	堂々とした				
5	面白い				
6	素直な				
7	公平な				
8	礼儀正しい				
9	決断力のある				
10	勇気のある				
11	パワフルな				
12	陽気な				
13	無邪気な				
14	人なつっこい				
15	活発な				
16	しっかりしている				
17	好奇心いっぱい				
18	味のある				
19	穏やかな				
20	てきぱきとした				
21	誠実な				
22	親しみやすい				
23	思いやりのある				
24	親切な				
25	落ち着いている				
26	やさしい				
27	芯が強い				
28	あたたかい				
29	おおらかな				
30	正直な				

伝え合う

ワーク
16

クロージング

シートにワークショップの振り返りを記入し，グループ内で発表します。

生徒の声 「最初は面倒だと思っていたけど，楽しかった」「仲よくなるきっかけになった」

今日の活動を振り返りましょう

人数，時間：4人組，3〜20分　　　　　　　　特　徴：言語的（自己開示あり）／非接触的
準　備　物：振り返りシート　　　　　　　　　　編　成：プログラムの最終

■ 進め方

①振り返りシートに，ワークショップの振り返りを記入します。
②グループ内で発表します。
③教員（T1，T2）が感想を述べ，「明日の宿題」を出します。

■ ポイント・留意点

・教員も自身の思いを語り，今回のワークショップを明日からの高校生活につなげるよう促します。
・記入のポイントを紙板書やスライドで示すと文章表現が苦手な生徒の支援になります。また，一度振り返りシートに書かせることで考えを整理でき，話すことが苦手な生徒の支援になります。

〔教員の感想の例〕

・「人の意見を否定せず，肯定的に意見を足していくからいい話し合いができることを，みなさんの活動を見ていて実感できました。そのためには，話すとき・聴くときに相手の目を見ることが大切ですし，ベースになっているのは相手への配慮だということに，みなさんも気づいたと思います。今日学んだことを確認しながら，みんなといい授業をつくっていきたいと思います」

・「相手の目を見て聞く，話す，言葉遣い，この三つのスキルを普段から使い，相手を大切にすることを意識して，これからの高校生活を送ってほしいと思います。そして，この学校に入ってよかった，楽しかったと思ってもらえるといいなと思います」

■ 展開例（15分）

教員のセリフ・行動	tips

1 導入 ────────────

◇今日は○時間（実施した時間），みなさんと一緒にワークショップを行ってきました。最後に今日のワークショップを振り返ります。振り返りシートを配りますので，私に一番近い人が取りに来てください。

◇時間を10分間とりますので，今日のワークショップを振り返ってシートに記入しましょう。振り返りのポイントは三つあります。一つは，「ビフォアー・アフター」，つまり，「ワークショップを行う前は△△だったけれど，いまは□□になった」ということ。二つ目は「気持ち＋理由」です。ただ「楽しかった」だけではなく，その理由をひとこと記入します。三つ目は，「これからの思い」です。これらを参考に，シートに記入してください。

- ・生徒の実態に応じて，時間を決める。
- ・ワークショップの時間が短い場合は，振り返りシートには「全体を通じて感じたこと・考えたこと」のみ書かせて，感想を伝え合うといった方法も可能。

2 説明 ────────────

◇振り返りシートの1〜5のうち，話してもいいなと思うものを1人30秒で話してください。読み上げる形でも，書いたことに加えながら話しても OK です。時間がきたら，「はーい」と言うので，次の人に交代してください。時計回りで行います。

◇さきほどシートを取りに来た人から話し始めてください。

- ・1人で長く話す生徒が出ないよう，時間の区切りを伝える。

3 展開 ────────────

◇では，今回の活動の様子や感想を○○先生（T2）から話してもらいます。そのあとに私（T1）が話します（感想の例は前ページ参照）。

- ・T1とT2は，感想を伝える。また，そのときに，意識させたスキルについてふれてもよい。

4 振り返り ────────────

◇今日のねらいの一つは「『相手を大切にする』について，具体的にわかる」でしたね。話を聴くときには，「相手の目を見る」，話をするときには，「相手の目を見て話す」，最後に言葉遣いでしたね。ワークシートを受け取るときに「ありがとう」，渡すときに「どうぞ」と言う，でしたね。今日のみんなの様子を見て笑顔が増えたなと思います。これは「相手を大切にする」行動をとれたからです。明日からも今日のように「相手を大切にする」行動をとってお互い気持ちよく過ごしたいですね。

- ・「相手を大切にする」を生徒に確認しながら話すのもよい。例えば「今日のワークを通して自分はどうだったのか，心の中で振り返ってみましょう。まず，話を聴くときには，『相手の目を見る』でした。どうでしたか？」（以下順番に確認）のように行う。

◇今日のねらいのもう一つは，「おはよう」と言える友達を3人つくる，でした。それは達成できたと思います。最後に宿題を出します。明日，学校に来たとき，今日一緒に活動したメンバーに「おはよう」と言いましょう。「おはよう」と言われたら「おはよう」と返しましょう。せっかく出会ったクラスメートです。明日もあいさつからスタートしましょう。これで今日のワークショップを終わります。大きな声であいさつをします。「ありがとうございました」

- ・この宿題を出したら，翌日のショートホームルームで，「おはようと言えた人？」と確認する。このときにもしなかった人を取り上げるのではなく，した人を取り上げ，あいさつ行動が継続するように支援する。

振り返りシート

年　　組（　　）名前 _____

　　今回の活動を振り返り5段階で自分の気持ちを整理して，数字に○をつけてください。また，考えを整理するためにその理由も書いてみましょう。

1　よりよい人間関係をつくるためには，自分のことを話すことが大切だと考え，その活動をいくつか行いました。あなたは自分のことをどれくらい話すことができましたか？
　　⑤−よく話すことができた　④−まあまあ話すことができた　③−どちらともいえない
　　②−あまり話すことができなかった　①−まったく話すことができなかった
　　〈その理由〉
　　_____
　　_____

2　今回活動してみて，クラスの仲間との心の距離は近づきましたか？
　　⑤−とても近づいた気がする　④−まあまあ近づいた気がする　③−どちらともいえない
　　②−あまり近づいたとはいえない　①−まったく近づいたとはいえない
　　〈その理由〉
　　_____
　　_____

3　今回のワークショップは，居心地のいいクラスづくりのために行いました。あなたは，ワークショップを行う前よりクラスでの不安感・緊張感はなくなりましたか？
　　⑤−とてもなくなった　④−まあまあなくなった　③−どちらともいえない
　　②−あまりなくならない　①−まったくなくならなかった
　　〈その理由〉
　　_____
　　_____

4　自分やクラスの仲間について，またはクラスや学年全体について気づいたことがあれば記入してください。
　　_____
　　_____

5　ワークショップの中で心に残っていることはなんですか？　それはなぜですか？
　　〈活　動〉_____
　　〈その理由〉_____

6　全体を通して感じたこと・考えたことがあれば記入しましょう。
　　_____
　　_____
　　_____
　　_____

140

ワーク展開上の困りごとへの対応

◉ 実態に応じた指導行動の検討

なぜ実態に応じて指導行動を変えるのか

　7学科をもつ工業高校の先生からこんなお話を伺いました。「うちは学科ごとに生徒の実態が異なるので，七つの高校が入っているようなもの。同じ授業でも学科ごとにやり方を変えないとうまくいかない」

　これは，生徒の授業に対する意欲や学習スキルなどの準備性に違いがあるため，授業の展開や必要とされるスキルが異なることを示しています。このように，生徒やクラスに応じて指導行動を変えることは，教員であればあたりまえであり，大切なこととして共有できるでしょう。

　本ワークショップでも同じです。例えば，ワーク中には不安や緊張の低減のために，T1が具体的な指示を次々と出し，テンポよく進めていきます。そのためには，指示が生徒に伝わることが求められます。生徒の実態として，指示は口頭のみでどれくらい伝わるのか，具体的とはどの程度細分化されているとよいか，T2のサポートがあればワークの遂行は可能か等を考えて，T1としての指導行動を検討します。

　このように，生徒の実態に応じて指導行動を検討したうえでの実践が求められます。

◉ 指導行動の観点とは

　生徒の実態は，「言葉を使ったかかわりへの意欲」と「配慮が必要な生徒の割合」の2点で考えます。これは，プログラム作成を考えるときと同様です。

「言葉を使ったかかわりへの意欲」を観点とした指導行動

　「言葉を使ったかかわりへの意欲」とは，言葉を使うワークを行うとしたら，その行動が指示どおりにスムーズにできるか（指導行動についての検討事項），また，その行動を抵抗なくできるか（プログラム作成についての検討事項）ということです。例えば，生徒が言葉を使ったかかわりへの意欲が低い場合の指導行動は，ルールを伝えるときは口頭に加えて視覚的に示したり，具体的な指示を出したりすることが考えられます。

「配慮が必要な生徒の割合」を観点とした指導行動

　配慮が必要な生徒は，これまでの学校生活で失敗経験があったり，不安が高かったりします。そのため，配慮が必要な生徒の割合が高い場合は，入学早期に行われる本ワークショップで，「やっぱり自分はダメなんだ」という体験にならないための指導行動が必要です。具体的には，「ルールを徹底するとき，"できた人"を確認する」（→92ページ），「サポーティブなリーダーシップをとる」（→94ページ），がこれにあたります。T1が支持的に対応してよい点を伝えること，指示したルールができていない場合でも，「できていないこと」よりも「できていること」に焦点をあて，安心感を与えることが大切です。

◉ 入学期にもちやすい不安とは

　入学というライフイベントは，新しい環境へうまく適応できるか，あるいは適応に失敗して不都合な事態を引き起こすかの分岐点ともいえます（古川ら，1992）。例えば，クラス数が少ない地域においては，9年間その集団で過ごして人間関係が固定化しているため，高校に進学した際に急に大きな集団の中に入ることで自分を発揮できないなどの問題も指摘されています（文部科学省，2009）。このような新しい環境に参入するときに，人間関係に関してもちやすい不安は，大きく二つあると考えられます。

「自分が周りから受け入れられるか」という不安

　新しい集団の文化の中で，この不安を感じるのでしょう。多くの場合，本ワークショップの最後に，伝え合うワークの「いいとこ四面鏡」を行います。この際，「自分がどう思われているか，わかってよかった」「ホッとした」という事後の感想が多くみられることからも，生徒はほかの生徒からどのように思われているのか，気になっている様子がうかがえます。

「気の合う友人が見つかるか」という不安

　複数の中学校から入学してくる高校は，いままでもっていた価値観や生活文化の違う人の集まりともいえます。そのような中，「ノリについていけるのか」「テンションが合う人がいるのか」「元気を保てるだろうか」などの不安があるようです。

　梅干しの映像を見るだけで唾液が出ることからもわかるように，人は実際にモノがなくても，思い浮かべるだけで体にストレス反応が現れます。つまり，入学期の不安は，入学後の人間関係のことを思い浮かべるだけで，小さなストレッサーとなり，その積み重ねで相当なエネルギーを奪われてしまい，疲れきってしまうといえそうです。

◉ 不安・抵抗からくる行動に対する指導行動

　生徒が不安や抵抗を感じると，以下のような行動や状態になることが考えられます。

過度に騒ぐ

　これは，困ったときに笑ってごまかすという行動の延長線上にあり，不安なので，はしゃいで深まらないようにしている，と思われます。この際，対人関係上のルールやマナー

違反がみられたら，名指しで注意するのではなく，とるべき行動を確認するという形で，全体で取り上げて確認します。しかし，守らせるべきルールは徹底することが大切です。ルール違反を見過ごすと，例えば，過去にいじめ被害に遭った生徒は，騒いでいる生徒がウケねらいで行った「いじり」に対して，「どうせ自分は」などと思ってしまい，新しい環境への不安を喚起させてしまうことになるからです。

無表情になる

　新しい環境で出会ったクラスメートは正体不明なため，まずは様子をうかがうことがあります。人は安全感や安心感がなければ能面のように無表情になるものです。面白くなさそうな顔でバリアを張るかもしれません。また，過去に不安になった経験がある生徒は「人は怖いものだ」という記憶とアクセスしている可能性があります。いずれにしても無表情であることは，周囲には消極的な攻撃行動として認知され，「この人，怖そう」という印象になってしまいます。

　生徒が安心感を得られる一番の処方箋は，クラスメートの笑顔です。例えば，「なべなべ底抜け」をクラス全体で行って成功させたときに，「みんなの笑顔がみられて安心した」という感想が生徒からよくあがります。ですから，生徒を笑顔にさせるための行動を意図的に仕組むことがポイントになります。例えば，「足ジャンケン」でグループが勝ったときや，「○○と言えば」でグループ全員が一致したときに，チームでハイタッチさせます。これによって表情を崩し，一緒に盛り上がる体験へとつなげるのです。

距離をとる

　新しい人間関係に入るとき，「どんなキャラ（ふるまい方）にしようか」「どう思われるだろう」と考える生徒もいます。この生徒たちは，ワーク中，考えていたキャラと違うことをやらされるととまどいます。そのため，ワークをしない，嫌な態度をとる，などの反応から，周囲からは距離をとっているような行動にみえてしまいます。

　距離をとっている生徒を放置しておくと，ワークに参加しないので，「楽しい」とはなりません。そこで，T2が一緒になってワークに向き合わせます。生徒自身だけでは集団に入っていけないのを，T2が他の生徒との関係を上手につなぎます。場合によっては，集団の中の1人ではなく，1対1のかかわりが必要な生徒もいるかもしれません。このときT2は，該当の生徒が好きなことや得意なことを引き出して，認めるかかわりをします。

　いずれにしてもT2のかかわりがポイントですので，このような生徒にT2がどのようにかかわるかを見きわめることが重要です。こうした生徒が多くいる場合には，個別に認められる時間が必要になり，おのずと時間がかかります。第2章でご紹介したプログラム5（→73ページ）やプログラム6（→75ページ）のように6時間かけて行っている学校は，ここをていねいに行っているのです。午前中に抵抗を起こし，「だるい」と感想を書いていた生徒も，T2が上手にかかわり続け，最後の感想では「意外と楽しかった」と変化することもしばしばみられます。

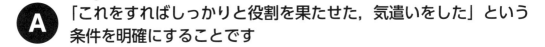

ワーク展開上の困りごと Q&A

Q1　具体的に指示を出す意味は何ですか？

A　「これをすればしっかりと役割を果たせた，気遣いをした」という条件を明確にすることです

「私に一番近い人は手をあげて。いま手をあげた人が模造紙を取りに来てください」という T1 が出す指示は明瞭で，生徒の適応感を高めます。これに対して「だれかグループで 1 人，模造紙を取りに来てください」という指示は明瞭とはいえません。後者は積極的で，自主的で，自ら考えて行動する生徒を支持しているようにも思えますが，入学期ではその「積極的であるべき」「自主的であるべき」「自ら考えて行動するべき」から，少し解放してあげることが適応につながるのです。

教員は，「具体的に指示をしなくても，してほしい」という期待を生徒に対してもっています。しかし，「だれか来て」という呼びかけに，生徒はその期待を推し量り，無理をして役割をとったり，役割をとれない自分を否定的にみたり，その期待自体をどの深さや種類まで推し量ればよいのかわからず気疲れしてしまうのです。

これに加えて，そんな自分を周囲はどのようにみているのだろう，みられたらよいのだろうと生徒たちは思案します。人間関係ができていない新入生とは，そのような状態にあるのです。ですから，「だれに何をしてほしいか」をはっきりと伝えることが大切なのです。積極的，自主的，主体的，そして配慮というあいまいで不明瞭なことを排除し，「これをすればしっかりと役割を果たせた，気遣いをした」ということになる条件を明確にすることが大切なのです。それは，周囲にも，「してもらえた」という実感を提供する明瞭さにつながります。

これはまさに，本ワークショップのねらいそのものです。むずかしいことまで知ろうとしなくてよいのだ（生徒），むずかしいことまで伝えなくてよいのだ（教員）という原則です。集団の中で自分がどのように振る舞えばよいのかというむずかしいことには，どうせ答えなんてないのだから，入学早々取り組まなくてもよいのだ，ということを，先生方には理解してほしいのです。いちいち生徒たちに考えさせない，とまどわせないで，とにかく動かす。そのような指示の出し方は，ワークの展開においては，「テンポよく」という表現でまとめられているのです。

　T1 や T2 の働きかけに生徒は反応します。その反応の中には T1 の期待どおりに素直に行う反応と期待どおりではない反応があります。「期待どおりではない反応」について，以下の Q2，Q3，Q4 で三つの反応をあげて説明します。まずは，抵抗，すなわち，やらないという態度をとっている生徒について考えてみましょう。

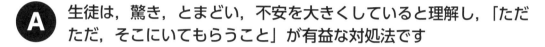

Q2　生徒が抵抗してきたらどうしたらよいでしょうか？

A 生徒は，驚き，とまどい，不安を大きくしていると理解し，「ただただ，そこにいてもらうこと」が有益な対処法です

　教員にとって，提供したワークに協力してもらえないことや，やらないという態度をとられることは，ショックな出来事かもしれません。しかし，生徒が抵抗してきたということは，このワークから逃げずに活動の器の中に留まっているという点で，とても協力的だと考えることもできます。

　もともと，入学直後にワークショップを行うこと自体が，生徒からの要望によるものではありません。生徒は突然のワークに驚き，とまどうものです。そんなとき，黙って従うこともあれば，逃げ出すこともあれば，動けずにうずくまることもあります。そして，もう一つ，抵抗を試みるという対処を選択する生徒もいるのです。

　抵抗されたとき，教員は叱り，枠の中に収めようと試みますが，なかなかよい結果は得られません。それは驚きとまどっている生徒を叱り，強引に拘束しようとする試みだからです。本ワークショップは，生徒が何を考えたのか，その最初の思考や感情を理解し合うことを目的にしています。そこでは，教員も生徒の最初の思考や感情を誠実にとらえる試みをすることが大切です。

　抵抗する生徒は，驚き，とまどい，不安を大きくしているのですから，まずはこれを理解する必要があります。次に，驚き，とまどい，不安を感じても逃げ出すことなく，この同じワークショップという器にいられたことを理解することが大切です。そして，その方策を安全にとらせてあげることが，有益な対処になります。

　具体的には，「ただただ，そこにいてもらうこと」です。そのとき，ほかの生徒と同じ行動をしてもらう必要はありません。ワークショップという嵐が過ぎ去るのを耐えてもらう試みだけでよいのです。「あなたもやりなさい」と指示するかわりに，「急に指示されたら無理強いされたみたいで驚くよね。とりあえず様子を見ていてくれるかな」という感じです。突然始まったワークショップの間，同じ場所にいるという上手な妥協をできたことが，適応だととらえることが必要です。加えて，そのような試みを自分は選択したのだという理解と，それがある程度成功したという経験を生徒にしてもらうことが，このワークのねらいでもあるのです。

Q3　反応がなかったらどうしたらよいのでしょうか？

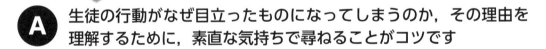

A　「いま生徒たちは反応を出せない気持ちなのだ」と理解し，予定どおりに進行しましょう

　生徒に反応がみられない（例：何も言わない）とき，T1（ワークの進行役）はもちろん不安になります。しかし，まずは予定どおりに展開します。反応がないのではなく，教員自身に反応がとらえられないか，反応を生徒たちがみせないようにしているのか，どちらかに過ぎないのです。もしかしたら，生徒は心の中では大笑いしているかもしれません。初めての出会いの中で，感情を表出することは挑戦です。どこまで笑顔になっていいのか，どこまで素直に気持ちを口にしてよいのか，生徒たちはとまどっています。その遠慮がちな探り合いが生じるのは当然のことです。

　本ワークショップは，心の奥底を表出させることが必須ではありません。無理に考えさせず，とりあえず目の前の課題に集中させることが大切です。T1 自身が躊躇しながらプログラムや指示を変更した場合は，その集中をむしろ妨げるものになります。ですから，「いま生徒たちは反応を出せない気持ちなのだ」と理解すること。そのうえで，T1 の不安は，生徒たちには無関係な，T1 自身の感情だと割り切って予定どおりの進行をしてください。

　また，T1 は進行役に徹することが仕事であり，安全に展開するための支援役は別に立てることが原則です。このワークが順調に進んでいるのか，という生徒たちの反応に基づく査定は T2（生徒の支援役）に委ねてください。その意味でも進行役の T1 は生徒たちの反応に躊躇する必要はないのです。

Q4　目立った行動をする生徒がいたらどうすればよいですか？

A　生徒の行動がなぜ目立ったものになってしまうのか，その理由を理解するために，素直な気持ちで尋ねることがコツです

　「目立った行動をしてワークの進行を妨げる」という反応には，教員が指定した枠組みからはずれてワークを乱す生徒と，枠組みの中には留まっているにもかかわらず，教員が枠組みを指定しきれないために，教員の期待からははずれてワークを乱しているようにみえる生徒との二つがあります。

　前者の場合は，「みんなと同じようにやるだけでは満足できないのかな？　みんなとは違うことをしてみたいのかな？」などと生徒が出してきた「目立つ」という反応を素直に理解し，素直に「目立つ」という方法を話題にすることがコツになります。目立つこと，乱すことによって，その生徒には得られるものがあるのです。もし，ワークが自己理解を

深めることが目的であるのなら，その問いかけをすることで，ワークは十分に機能を果たしたことになります。つまり，ワークという課題を出して，それに対して生徒が反応して，そこにフィードバックをすることで，生徒は行動の意味や自身の欲しかったものを理解することになったのです。周囲の生徒にとっても，枠組みからはずれることの意味や意義を考えさせる機会になります。自らとは異なる他者を理解することができるという意味で，やはり機能を果たしたことになります。

　後者の場合は，説明が不足したことを教員が理解するきっかけとなります。多くの場合は説明が不足したとしても，ワークは予定どおりに進行します。それは，生徒たちが不足する情報を自らの力で補ってくれるからです。生徒たちに助けられてワークは進行しますが，教員は進行のいたらなさについて反省の機会を逸することになります。しかし，すべての生徒が不足した情報を補ってワークにつき合ってくれるわけではありません。指示を字義どおりに受け取り，同時に指示されていないことは自由だと理解をする生徒がいると，ワークは滞ることになります。このとき，その生徒を「ダメな生徒」と呼ぶことは誤りです。それは正しい理解ではありません。

　このような状況で重要なのは，目立った行動をする生徒のことも，それに対応する教員のことも，その両者の振る舞いを周囲の生徒たちが見ているということです。だれもが同じ理解をするわけではない，だれもが期待どおりに不十分な情報を補って，期待どおりに理解して，期待どおりに動いてくれるわけではない。この他者理解の原則が目の前で展開されているのです。

　もし，教員が当該の生徒に対してワークを乱す「ダメな生徒」と理解するならば，周囲の生徒たちはその生徒を厄介者と扱ってよいと覚えることになるでしょう。もし，教員が後者のような生徒を，指示の範囲で正確に理解することができたものとして尊重したならば，周囲の生徒たちにとっては，他者を尊重する姿勢とその他者の理解を尊重する姿勢を獲得するきっかけになるでしょう。

　T1を担う教員は，子どもの能力によっても期待どおりに動けない場合があることを知っておいたほうがよいでしょう。全体で提供される指示に注目できず，その指示自体が理解されない場合があります。また，指示が理解されたとしても，ワークの過程でそれが保持できないことからルールなどが守れなくなる生徒もいます。さらに，指示が理解でき，それを保持することができても，期待される方法や内容で発信できない生徒もいるのです。このような生徒がいる場合には，上と同様に説明の仕方を工夫することに加えて，本人の苦手な理解や保持，発信を補う役割としてT2を置くことが有効になるでしょう。

第4章

組織で取り組むための計画と手順

第1節

計画から実施までのロードマップ

　ここまで本書を読み，「ぜひ学校でやってみたい」と思ってくださった読者の方が実現できるよう，かかわりづくりワークショップの計画から実施までの道筋を示します。なお，「まず自分のクラスだけでも行いたい」という方は77ページをご覧ください。

■ 着想から合意にいたるまでに行うこと（教員の共通認識づくり）

　まず，以下の視点で検討や提案等を行い，教員と共通認識をつくるところから始めます。抵抗を示す教員への対応策を考えた準備も必要です。

入学してくる生徒の状況を言語化する

　自校に入学してくる例年の生徒の状況を言葉にすることで，本ワークショップの必要性が検討しやすくなります。例えば，「ソーシャルスキルの再学習が必要」「大規模校出身の生徒の力が強く，小規模校出身の生徒に遠慮がみられる」というように，観察等から得た各種の情報を，対人関係や不安感の視点から整理して，生徒の傾向や印象を言語化することが大切です。

可能なら数値化する

　データが有効な検討材料になる場合があります。理想は信頼性のある心理尺度で示すことです。時間や予算の関係で改めて実施することが難しい場合は，既存の結果やデータで，生徒の不安や人間関係，不適応など本ワークショップの目的に合った項目だけでも整理しましょう。「学校評価アンケート」や「学校生活アンケート」の中の，「学校は楽しいか？」「行事に積極的に取り組んでいるか？」など学校生活の適応に関する項目や，「友人関係は良好か？」「教員との関係は良好か？」などの人間関係に関する項目の中で，実態をよく表しているものを整理します。夏休み前までの欠席率や欠席のべ人数，不登校数，別室登校数なども一覧にしておくと，実施後の効果検証に活用できます。

キーパーソンの合意を得る

　生徒の実態について言語化とデータにより課題が明らかになったからといって，いきなり新しい取り組みを提案しても理解が得られにくいものです。大事なのは，コンセンサス

を取ること（＝根回し）です。まずは分掌内で合意を得て，根回しを行う担当者を決めます。根回しの相手は，キーパーソンや会議で合意を得るのがむずかしそうな人で，「相談があるんですけど」と炉辺談話で声をかけるとよいでしょう。その際大切なのは，相手の立場で考えることです。相手がどのように感じ，どこまで理解し，どんなメリットやデメリットがあるのか説明して賛同を得ることが大切です。

多元的な組織を理解して動く

学校組織におけるそれぞれの立場や役割がありますから，他校務分掌の課長に理解を得られそうな文脈で説明することがポイントです。例えば，進路課長には，「聴く・話すことを繰り返すので，授業態度の教育にもなります」「対話型の授業を行う基礎づくりになります」など，本ワークショップを別の側面から説明することが考えられます。準備をしてから運営委員会で提案をすることで，それぞれの文脈に合わせた説明が可能になります。提案は，提案元の校務分掌の長から行うのが基本ですので，実施を希望した教員と分掌の長が，ワークショップの必要性について十分に共通理解し，意見を一致させておくことが重要です。

管理職の合意を得る

運営委員会の通過前に，管理職（特に校長）のコンセンサス（合意）を得ることも重要です。その際，企画立案者が学校基本計画と学校運営計画を踏まえて提案を考えることがポイントになります。管理職の合意を得るために，管理職がどの観点ならば最も納得しやすいかの見立てをもっておきましょう。これまでの実践において，学校運営計画に基づいた説明では納得が得られず，「効果も含めて数値で示してほしい」と指示を受けたこともありました。数値で示し納得が得られれば，全面的に支持してくれるタイプの管理職には，実態把握と効果について言語化・数値化して説明することが有効なのです。

管理職の合意が得られれば，ワークショップ導入への理解だけではなく，校内研修会実施時の休暇の取り方等，教員の勤務体制まで検討してくれる場合もあります。

外部の力を借りる

同じ話でも，外部の専門家から提案してもらうほうが，理解を得られやすい場合もあります。専門的な立場から，「いまの子どもは，発達が後退したうえで以前と違う様相を呈しているので，それに見合った新しい発想・方法をとる必要がある」ということをわかりやすく伝えてもらったり，専門家によるグループアプローチの演習を通して，どのようなワークにどのような効果があるのか体験的に理解したりするのもよいでしょう。

職員会議で提案する

次年度の実施に向けて，職員会議での合意を得て，年間計画に組み込むことが重要です。提案者を着想者に限定する必要はありません。多くの教員の納得を得るには，どの課のだれが提案すればよいか，戦略的に考えます。必要性を理解してもらい，組織で動くことが確認できれば，年度末・年度初めの忙しい中での打ち合せや実施の時間，場所の確保がしやすくなります。

◼ 計画から実施までに行うこと

合意を得てから3月中旬

- 物理的な条件や教員の配置の確認——打ち合わせの日時，実施日時，実施場所を決定します。可能な人員配置や，クラスごとか学年全体か実施形態を検討します。
- 仮プログラムの作成——例年の生徒の実態と物理的な条件と教員の配置に基づいて，本書の第2章のプログラム例を参考に，仮プログラムを作成します。
- 物品の準備——仮プログラムに基づいて物品の準備一覧を作成します。例えば，下記のように項目を立てて一覧にして整理しておきます。

ワーク名	ワークシートなど	枚数	必要物品	在庫	購入	担当
新聞紙タワー	1グループ5枚の新聞紙	5枚×22組	セロハンテープ	△	セロハンテープ	佐藤

3月合格発表後

- 生徒の実態把握と事前のグルーピング——各中学校を訪問し生徒の情報を収集することは，ワークショップの実践においても重要なことです。配慮が必要な生徒を確認し，クラス分けが終わった後にグルーピングを行います（→86ページ）。
- 打ち合わせ——収集した生徒の情報に基づき，必要に応じて仮プログラムと準備物一覧を修正します。
- 教員配置の決定—— T1，T2，T3はだれが行うかを決定します。

3月下旬

- 校内研修（打ち合わせ）——新1学年団を対象としたワークショップ展開のための研修を行います。各ワークのセリフ（使用するならスライド資料）を用意し，T1の担当者が試行しながら各ワークの流れなどを確認します。T2の担当者は，どんな場面でどのように生徒にかかわればよいか，介入スキルを確認します。

4月始業式前まで

- 校内研修（打ち合わせ）——1学年団に配属になった新任者を対象に，実施の意義とワークショップ展開のための研修を行います。新任者は着想・合意段階を知りませんので，「着任早々大変だ」と思う人がいるかもしれません。実施可能な範囲について話し合い，けっして無理はさせないことです。笑顔で物品を配布してもらえるだけでも十分ですし，台本（第3章の各ワークの展開例）を読んで研修時に体験し，進行ができそうなワークだけ担当してもらう方法もあります。この時期の校内研修は，全員そろって行うことが求められますので，この時間を確保することを学校組織として保障することが重要です。

4月入学式翌日から数日以内

- 実施——当日の内容は他章で説明しているとおりです。次年度に向けて，他学年の教員に空き時間等に見学するようアナウンスしておくことで，3年生の担当者は，「来年は自分がするのかな」と意識的に見学に来ることが多いようです。

▣ スモールステップで次年度につなげる場合

　最初から全体の合意を得る方法をとらず，次年度につなげる方法もあります。

・学年経営の中で実施——例えば，第2章の「プログラム2」（→ 70ページ）の学校は，学年長が主導して，学年経営の中で実施したものです。全体の合意プロセスを要しませんでしたので，比較的短期間で計画から実施まで行うことができました。

・クラス単体で実施——ホームルーム担任がクラスで行うことも可能です（→ 77ページ）。

・T1を外部講師に依頼する——「時間調整ができず，十分な研修ができない」「現在，T1をできそうな教員がいない」といった場合には，初年度は外部講師に依頼する選択もあります。「プログラム1」（→ 69ページ）の学校は，外部講師にT1として実施してもらい，学年の全教員がT2としてかかわることとしました。

▣ 時間・場所を検討するときのポイント

校内研修の時間を検討するときのポイント

　時間の確保で見落としがちなことは，校内研修の時間です。校内研修には二つの時期が考えられます。一つ目は新1学年の校内人事の発表後の3月末ころで，二つ目は異動の教員が着任した4月1日からの5日間です。前者は春休み中の時間の取りやすいときにできるメリットがありますが，異動前の教員を抜いた打ち合わせになってしまいます。後者は，関係教員全員がそろうメリットがありますが，入学式等の行事の準備時間も必要な忙しい時期というデメリットもあります。これらのメリットとデメリットを考慮して，校内研修の時間を計画的に組む必要があります。

ワークショップの場所を検討するときのポイント

　ワークショップの内容と人数に合った場所にすることです。例えば，クラスごとに行い，身体を動かすワークを多く取り入れた場合，特別教室が適切な場所になります。1クラスで行う場合には体育館は広すぎて，T1の指示が聞き取りにくい点や集団の凝集性が高まりにくい点などデメリットが大きいことがあります。場所の設定も，メリットとデメリットを考慮して，校内体制で協力を得ながら設定します。

実施時間と場所確保をするときのポイント

　実施時間と場所の確保を考えるとき，教務担当の協力が不可欠です。特に実施時間の設定について，実践校では「時間割作成担当としては，かかわる先生の数が多いので，授業のやりくりに困った」「授業と並行しての実施は，人数や場所の確保がむずかしい」という声が聞かれました。教員数が少ない学校や関係する教員が多い学校では，2, 3年生は春休み明けの課題テストの時間と並行して設定する等の工夫をして対応しています。新年度の多忙な時期に多くの協力と理解を得ながらワークショップを実施するためにも，「この時期は忙しいけど，いま新入生へ支援をていねいに行っておくと後で楽になるよね」などの思いを，多くの教員と話題にしておきたいものです。

校内研修の実施

◨ 校内研修の目的

　校内研修の目的は二つあります。一つ目は，本ワークショップの意義について確認をすることです。これを理解し教員間の温度差をなくすことで，校内の協力体制がとりやすくなるとともに，それぞれ教員の役割が明確になります。

　二つ目は，体験を通してワークショップに関するスキルや留意点を確認することです。原田・田中（2006）は，書籍の展開案をそのまま実施することの弊害を述べ，本来必要な準備，スキル，留意点を再確認する必要性を指摘しています。T1 を行う教員は，講義と体験により各ワークの進め方や留意点を確認して自分の言葉で進められるように準備し，T2 を行う教員は場面対応を確認し，安心して取り組めるようにしましょう。T3 はプログラムの流れ，T1・T2 の動きや支援方法について確認しましょう。

◨ 校内研修の実施方法

　校内研修には，二つのパターンが考えられます。一つ目は，校外の研修会に参加した教員による伝達講習です。これは外部講師を呼ぶ予算がないときによく行われる方法です。しかし，伝達内容が参加者の判断に依存するため，研修で学んだことについて，正確に伝えているか，ポイントを押さえているかが不明になります。二つ目は，外部講師による校内研修です。このメリットは，授業時間の変更や移動時間や交通費等の物理的・経済的コストをかけず，全教員がワークショップに関する内容について専門的な研修を受けることができることです。しかし，外部講師の専門性を把握していないと，学校で行いたいものと異なる内容になる可能性があります。その予防には，外部講師が行うワークショップを校内の担当者が体験したうえで，講師と事前に打ち合わせを行うことが重要です。

　しかし，予算面等で外部講師を呼ぶ条件が整わないこともあるでしょう。そこで本書では，担当者が準備できる校内研修資料を用意しました。ここでは，校内研修を3段階に分けています。1段階目では意義の確認と体験をし，2段階目では実際に展開を考え T1 と T2 を体験します。3段階目では実際に行うプログラムを確認します。

◉校内研修１──実施予定の前年度中（できるだけ早い時期が望ましい）

対象者：全教員　　時間：120分（前半30分，後半90分）

ねらい：ワークショップに関するスキルや留意点の確認，自校での必要性と実施の意義の確認，ワークショップの体験

前半の校内研修の内容──講義：意義の確認（30分）

項目	内容	ポイント
1 今日の目的	○前半30分間：実施の意義，「枠をつくる（構成する）」ことの意義の確認，後半90分間：ワークショップの体験，であることを伝える。	・全体の見通しをもたせる。
2 なぜ教員が行うほうがいいのか？	○ワークショップの実施者が外部講師とその学校の教員だった場合で，実施後の生徒の状態を比べたデータを提示する（データ例：「入学不安」（→12ページ）と「学校への期待感」（→13ページ）。データの結果から，外部講師と未実施校の効果の差は，3カ月後にはなくなることを説明する。	・生徒の実態を把握しており，実施後もフォローできる教員が行うことで，ワークショップの効果が持続できることを知らせる。
3 この時期に行う意味	○ワークショップを通して，「この学校でやっていけそう」「この学校に入ってよかった」と生徒が思える仕かけをつくる意義を説明する。 ○本校の生徒の実態把握（アセスメント）を行う。	・生徒同士の関係性の固着がまだみられない入学早々に行うことがポイントであることを確認する。
①2：6：2の法則	○「基礎的な生活習慣からみた2：6：2」について説明する。 2割：規範意識が高く，セルフコントロールができている（A群）。6割：自律的にではないが，できている（B群）。2割：できておらず，規範意識がかなり欠落している（C群）。 ○「自己主張からみた2：6：2」について説明する。2割：個人が違うことを前提に話し合う（A群），6割：自分の思いは言わず周りに合わせる（B群），2割：やりたくないことは，周りを気にせずそのまま言う（C群）。	・ルールとマナーのもと，適切な行動へ導くことを確認する。 ・「C群の生徒の声が大きい→B群が同調」という流れを「B群がA群に同調する」流れへ変え，建設的な方向へ導くことを確認する。（河村，2007，2010）
②不安による結びつきによる非建設的な関係	○不安なまま過ごす→不安による結びつき→閉鎖した友人グループで固定化という流れを説明する。 ○ここで，「不安と楽しさは両立しない」という逆制止理論（→54ページ）にふれ，ゲーム的要素を含むワークは，遊びを通して建設的な人間関係をつくるきっかけになることを説明する。	・ワークショップではゲーム的要素を含むワークを行い，不安・緊張を軽減することを確認する。

③基本的信頼感のつまずき	○非建設的な人間関係の固定化を予防する必要性について説明する。 ○二者関係から，三者関係，他者関係と，人間関係の発達は段階的に進むことを説明する。 ○二者関係において信頼関係のつまずきがある場合には，二者関係の構築からスタートすることを説明する。	・発達は段階を踏んで進むことを確認する。 ・二者関係をつくるきっかけの必要性を確認する。
④対人関係を形成する意欲と技術が低い	○ソーシャルスキルが身についていない，集団生活のマナーを理解していない生徒には，ソーシャルスキルの再学習が必要であることを説明する。	・入学早期に，スキルの再学習をする必要性を確認する。
⑤適応に関する研究結果	○5月にストレス反応が高い生徒は，7，9月も継続（伊藤ら，2010），教員や学校への不適応感はストレス反応へ影響（国里ら，2010），友人関係は学校適応感に強い影響（大久保，2005）等を紹介し，不安やストレス反応の低減，良好な人間関係の構築の必要性を説明する。	・入学早期の適応には，ストレス反応の軽減と，生徒同士，生徒と教員の関係がポイントであることを確認する。
4 枠をつくる（構成）とは	○グループアプローチ共通の目的として，「集団活動の体験を通して，自己の成長と人間関係のつくり方を学ぶこと」を説明する。 ○プログラムの作成と活動の遂行で大切な「構成」（國分，2000）とは，「グループワークに枠を設定すること」であることを説明し，入学早期の「枠づくり」のポイントを押さえる。	→詳しくは第1章5節参照。 →これ以降の項目に関して，詳しくは第1章4節参照。
①なぜ枠をつくるのか	○以下のことを説明する。 ・枠をつくることで，生徒の心的外傷を予防し，不安や緊張から解放される。 ・枠をつくることで，初めての教員でも，安心して実施できる。	・枠をつくることは，生徒・教員の両者にとって安心・安全に行うためのキーであることを確認する。
②本ワークショップでの具体とは	○以下のことを説明する。 ・本ワークショップでの枠づくりの観点は，①かかわる範囲，②グループサイズ，③活動時間，④役割・行動の判断，⑤身体を使うワーク──言葉を使うワークのレベル，⑥自己開示のレベル，⑦ソーシャルスキルの遂行の七つである。	・七つの観点に則して，枠（構成）の強弱のつけ方や段階の踏み方について確認する。
③ワーク内容に関する構成	○生徒の実態（かかわりへの不安感や言葉を使うワークへの抵抗感などの度合い）に則したワーク内容を構成することを説明する。	・以降の内容は，自校の生徒の実態と照らして考えることを確認する。

④プログラム に関する構 成	○以下のことを説明する。 ・**集団の実態に応じた構成**——例えば，不安が強い生徒が多い場合は少人数のグループで，言葉を使うワークに抵抗が少ない生徒が多ければ，多人数交流を図るなど，自校の実態を例に示す。 ・**段階をつくる構成**——緊張をほぐすワーク→関係をつなぐワーク→関係をつくるワーク→伝え合うワークと進行する。グループサイズは，２人組→４人組→８人組と，段階的にあげていく。 ・**集団の実態×段階をつくる構成**——配慮が必要な生徒の割合，言葉を使うワークへの抵抗感の度合など，生徒の実態に合わせて段階の調整をする。	・教員が話型を示したりモデリング（観察学習）したりすることにより，「ここまで話せばよい」という基準を提示することが，段階的な自己開示の促進につながることを確認する。
⑤入学早々の 構成のポイ ント	○以下のことを説明する。 ①**かかわる範囲**——生徒全体の実態と配慮が必要な生徒をアセスメントし，教員が事前にグルーピングする。 ②**グループサイズ**——２人組→４人組と段階的に増やしていく。 ③**活動時間**——短いものからスタート。 ④**役割・行動の判断**——役割を指示・判断は少ない。 ⑤**身体を使うワーク——言葉を使うワークのレベル**——生徒の実態に応じて多少はあるが，身体的ワークから言語的ワークへと段階的に進める。 ⑥**自己開示のレベル**——ない→浅い自己開示→やや深い自己開示と段階的に行う。 ⑦**ソーシャルスキルの遂行**——「聴く・話す」，あいさつなど基本的なスキルを再学習させる。	・本書第３章の展開例の教員のセリフは参考であり，生徒の実態等に応じて，教員自身の言葉で展開することを確認する。
5 ソーシャルス キル・トレー ニング	○「お願いします」「ありがとう」「どうぞ」「聴く・話す」の場面では，相手の目を見て行う等の基本スキルは，対人関係をつくるための土台になることと，こうしたスキルが，かかわりの促進につながることを説明する。 ○本ワークショップ全般を通して，ソーシャルスキル・トレーニングの再学習の要素を取り入れることを説明する。	・教員と生徒間においては，禁止ではなく行動の提案であることを確認する。 ・ワークショップで取り入れるスキルを確認する。

※この講義のときに，実際の映像（他校から借用や前年度の映像）があると，初めての教員にとってもイメージしやすくなる。

後半の校内研修の内容──ワークショップの体験！ スキルや留意点の確認（90分）

　ワークショップの内容がイメージできるように，実際のプログラムと同様の内容を体験するとよいでしょう。実際の映像があれば，すべてのワークの流れを視覚的に示します。本書の第3章の各ワーク紹介にある留意点を随時説明しながら行うことで，参加者は体験しつつ，自分がT1やT2をするとしたらどうすればいいか，という観点で参加できます。

　体験のとき，ワークショップを遂行する人は，T1やT2のモデルとなる可能性があるため，経験者が行うとよいでしょう。経験者がいない場合には，複数で分担しながら遂行します。体験時に参加している教員にネガティブな感情が生じると，ワークショップそのものへの抵抗が生まれてしまうので，負担がかからないように展開することが大切です。

◉ 校内研修2──校内研修1の実施後

対象者：全教員　　時間：60～120分（人数によって異なる）

ねらい：T1とT2の体験

校内研修の内容

　T1とT2は，新入生対象に行う際にT1となる予定の教員が行うのが最も効率よい方法です。まず，いくつかのグループに分かれて，実際のプログラムの中からワークを選びます。そして，他のグループを対象にワークの展開を考えます。その後，グループごとにT1，T2を体験し，T1，T2以外の教員は物品の配布，観察などの役割を果たします。振り返りシートに，感想，よかった点，気づいたことを記入します。よかった点と気づいたことの記述は集約し，教員間で共有します。

研修のポイント

・**クラスごとに実施する場合──** T1を中心に，日常の人間関係に配慮してクラス数分のグループに分かれ，実施します。もちろん，人数によってグループ数は調整します。

・**行いやすいワーク例──**実施する人数，時間，環境，方法等の構成を考え，行いやすいワークとして，ジャンケンを使ったワークや「サイコロトーク」などがあげられます。また，T2の介入の研修という視点では，「私たちのお店屋さん」や「新聞紙タワー」もいいでしょう。ワークの説明で最もむずかしいのが，「いいとこ四面鏡」ですので，その練習のために行うのもよいでしょう。このように，ねらいに応じてワークを選択します。

・**生徒役は行わない──**参加者としての教員は，ロールプレイのように生徒役を行うことはしません。「グルーピング」を含めた構成や実態に応じてセリフを検討する体験につながるように，目の前の同僚である教員を対象として考えます。このように具体的に考えることで，T1，T2は各ワークの意図を十分に理解し，場面に即して集団を動かす体験，支援する体験ができます。T1，T2を行わない教員にとっても，ワークのポイントを考える観点を得る体験ができます。

・**共通の目的意識──**参加者全員が，ワークショップの予習と思うことが大切です。「こ

うやるといいんだ」「こう工夫したほうがよさそうだ」など，普段の研究授業的な感覚でとらえましょう。よい点に関するフィードバックは，T1 の自信につながり，他の教員がよいと感じていることを意識することができます。気づいた点のフィードバックは，自分が気づいていないことを修正する視点になります。

◉ 校内研修3──ワークショップ実施の直前

対象者：新1学年を担当する全教員　　時間：90分
ねらい：T1 は実際に行うプログラムの確認。T2 は生徒への支援のポイントの確認。

校内研修の内容

　実際に行うプログラムの内容を確認します。入学者の情報から，配慮が必要な生徒を確認します。その生徒を含めて，生徒への支援をどのように行うかを確認します。

研修のポイント

・実態に合っているか確認──セリフやスライド資料をすべて確認しながらプログラムの内容を体験すると，生徒の実態に応じた修正点が把握しやすくなります。例えば，「サイコロトーク」のお題シート①について，ある学校からは，「この好きなものシリーズは本校の生徒にふさわしくない。好きな映画で周囲が引くようものをあげたり，好きなマンガでオタクと思われるようなタイトルを言ったりしたら，最初の関係づくりでつまずいてしまうのではないか」と懸念が出されました。他の学校では「いいとこ四面鏡」の形容詞を見て，「本校の生徒にふさわしくない項目がいくつかある」と言い，形容詞を検討したときもありました。当該校の教員の感覚はとても重要です。これは，外部講師が行わずに教員が行う意味の一つでしょう。

・研修不参加の教員の役割検討──研修に参加できない教員は，実施意図や支援の要点が十分に理解できない可能性があります。当日の役割は慎重に検討し，場合によっては物品配布などの役割で参加してもらうという割り切りも大切です。

・異動してきた教員への配慮──校内研修を3月中に行った場合，異動してきた教員の理解を得ることを目的とした研修を実施前に行う必要があります。教員自身も異動してきたばかりで緊張している時期です。義務感や責任感で「T1 をやります」という教員がいるかもしれませんが，無理をさせず負担にならないように配慮します。「T1 は荷が重いです」と率直に言ってくれたときには，T2 の役割を説明し，T2 としては参加可能かを確認し，安心して役割を遂行できるように十分な打ち合わせを行います。

・初めて担任をもつ教員への配慮──新採用の教員が初めて担任をするときもフォローが必要です。クラス担任になると，さまざまな準備がありますし，準備にかかる時間等の見通しが立たないこともあるでしょう。副担任や教育相談担当がフォローし，分担を考えることも重要です。

・抵抗のある教員の役割分担──ワークショップそのものに抵抗がある教員の場合，物品配布，観察，救護など，できる役割を行ってもらうとよいでしょう。

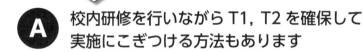

校内研修 Q&A

Q1　T2の担い手がいません。研修でできるようになりますか?

A　校内研修を行いながらT1, T2を確保して
実施にこぎつける方法もあります

　T2は,T1と共にワークショップを進めるだけでなく,生徒にルールやマナーを守らせ,安心感・安全感を確保することにも重要な役割を担いますので,T2なしの実施はおすすめできません。教室単位で行うと各教室にT1とT2が必要になるため,新入生全体で行うなど単位を少なくし,T1とT2を確保することも一案です。しかし,ワークショップに不慣れな教員が多い場合,T2の引き受け手が見つからないことも多いものです。実践校の多くは,初めはT1すら確保がむずかしい状況で準備を始めますが,校内研修を行いながらT1, T2を確保して実施にこぎつけています。

●校内研修で役割を確認

　T2の担う仕事は,生徒の参加状況の把握,ワークを促進するはたらきかけ,不適切な態度の注意など,教科指導や生徒指導で日ごろ行っている教育活動と共通することが多いものです。そこで,各内容の確認を通して,日ごろの教育実践とのつながりを見いだすと,役割の見通しをもつことができ,T2を引き受けてもらえる場合もあります。筆者らの研究では,校内研修を行うと,T1, T2の役割をした教員はもちろん,ほかの教員も,T1,T2を行う際のイメージが明確になり,実際の具体的な動きについての理解も深まることがわかっています。ですから,研修を通して,T2の教員を確保する道を探りながら計画を進めていくことも一つの方法です。

　実施校の教員は,ワークショップ実施の力量だけでなく,教員と生徒の関係づくり,生徒同士の集団づくりの力量もアップしていきます。それは,事前準備の研修のプロセスを通して,学んでいくからではないかと思います。

●校内から応援を確保

　該当学年だけでなく,校内の教員から応援を得る方法もあります。毎年,本ワークショップを実施している学校は,ワークショップを経験している上学年の教員の応援を得ながら学校体制で実施している事例もあります。ワークショップに取り組む学年が増えると,T2を気軽に引き受けてくれる教員も増えることになります。

Q2　校内研修の時間がとれません

 提案（ねらいの説明・資料の配布等）を充実させ，
事前準備の時間を有効に使って情報共有しましょう

　本ワークショップは，多くの教員の協働によって成り立っています。校内研修ができないと，進行方法や指導にばらつきが出てしまう可能性が高くなり，ワークショップの成否に影響が出かねません。ですから，学年にかかわる教員が同じ研修を受け，指導方法や実施に関する共通認識を形成することは重要です。

　しかし，学校の体制によっては，校内研修の時間が十分に確保できないかもしれません。その場合は，ワークショップの実施を簡潔に提案したうえで，具体的な準備を進めながら，進行や指導についての共通認識を高めていきます。

●提案の充実を図る

　本ワークショップを提案するときには，基本的な考え方やねらいをていねいに説明することが大切です。「なぜ，オリエンテーションでかかわりづくりワークショップを生徒に経験させるのか」についての共通認識をもつことが，教員の見通しや動機づけに影響し，その後の準備や当日のワークショップの質を高めることにつながるからです。この際，提案に対して疑問や意見などを出してもらいながら議論ができると，短時間であっても理解が深まり，研修を実施することに近い効果が得られます。

　提案の際には，簡潔に要点をまとめた資料とあわせて，プログラム案やワークの概要などの資料を用意し，参考図書も紹介するとよいでしょう。本書は，ワークショップのイメージをつかめるように編集していますので，活用していただければと思います。

●事前準備の時間を活用

　本ワークショップでは，ワークシートの印刷やサイコロや新聞紙などのワークに必要な道具をそろえるなど，事前の準備が必要です。作業の内容や流れを確認できる準備マニュアルを作成し，参加する教員たちに具体的な準備作業を理解して進めてもらうとともに，当日のワークショップ実施内容や留意点をまとめた資料も配布して，実施のイメージとつなげて準備作業を行ってもらうようにします。

　その際に，大切にしたいことは，個別の作業にしてしまうのではなく，できるだけ担当者全員が，同じ場所に集まって作業をする機会を増やすことです。そうすることで，準備をしながら，ワークショップのねらいを確認したり，背景となる理論を説明したりする機会を生み出すことができます。また，教員同士が一緒に作業をすることによって，疑問点や意見の交流を通して，お互いが理解を深めていくことにつながります。

実施後の対応

◉ ワークショップ実施直後のフォローアップ

事後のフォローアップまでが，かかわりづくりワークショップです。

まず，ワークショップ最後の「クロージング」で，生徒が記入した振り返りシートを通して，全生徒の様子を点検します（後述の「振り返りシートまとめ方の例」を参照）。

私たちがかかわった取り組みでは，振り返りシートにネガティブなことを記述する生徒は，配慮が必要な生徒よりそれ以外の生徒のほうが多い印象です。ここで重要なのは，「ネガティブな反応が出たからワークショップが失敗した」と考えるのではなく，「生徒理解の糸口や支援を要する生徒を発見することができた」と考えることです。

ネガティブな記述や，「あれ？」と思う気になる記述をした生徒のサポートを検討します。このとき，担任だけでなく，副担任や教育相談担当者など，複数の目を通したほうがいいでしょう。「あれ？」と気になる感覚には個人差があります。自由記述の意味を読み解くためには，複数の教員が読むことで，その意味をとらえやすくなります。

生徒には個人面談を行い，感想などを含めてどのような体験だったかを聴きます。また，配慮が必要な生徒については，ワークショップ前に確認した支援の手だての成果や，ワーク中にできたことなどの資源を振り返り，今後の指導計画に生かします。

◉ 授業等での活用

本ワークショップで行った展開での工夫を，授業で活用することもできます。

「ワークシートに記入→発表」のサイクルを繰り返す

生徒の言葉を使ったかかわりへの意欲を見立て，「書けなかった」「考えられなかった」「発表できなかった」といった失敗体験とならないように，時間をとって「ワークシートに書かせてから発表する」というサイクルを繰り返します。これを同様に教科学習でも行うことで，小さな成功体験を積み重ねる取り組みができるでしょう。

実践校の中には，このサイクルを生かして，教員が「生徒にはむずかしくてできない」とやらせていなかった取り組みを見直し，学習内容の難易度を生徒の現状より少し上に設

定して実践したという報告もあります。

　例えば，英語の授業で，ワークシートに英単語の穴埋め式で自己紹介を完成させ，内容を自分なりに英語で書き写し，班ごとに発表させ，聴く側には発表を聞き取りながらメモをとらせたところ，生徒の多くは抵抗のあった英語に対して前向きになったそうです。この後，例えば，「いいとこ四面鏡」の形容詞を英単語にしてよいところを伝え合うワークに取り組むことも可能かもしれません。

グループワークの習慣化が学習意欲につながる

　本ワークショップ後は，グループワークの指示が生徒に通りやすくなります。ワークショップで繰り返した指示を活用して，「4人組になってください。私に近い人から右回りにノートに書いた主人公の気持ちを発表してください」と指示をすると生徒はスムーズに動けます。グループワークを習慣化し，「グループワークは楽しい」と生徒に実感させることによって，学習意欲に結びつけることができるでしょう。

　また，本ワークショップの効果を継続するために，4〜5月の1カ月間，教員が決めたグループ（4人）で昼食をとるのも一つの方法です。「名前を言う→拍手で迎える→お題を提示し話をする→4人全員が終わったら，『いただきます』をする」などと枠を決めるとスムーズに進むと思います。このとき，教員はグループに順番に入り，関係をつくり続け，生徒理解を進めていくとよいでしょう。

グループワークを継続して行う

　「サイコロトーク」のお題を時期や目的に合わせて変えることで，グループワークを継続することが可能です。例えば，進路について話し合う際のお題シートには，「これから習い事をするとしたら？」「子どものころになりたかった職業は？」「一度だけやってみたい仕事は？」「10年後，どこで何をしている？」といった項目を入れるなど，生徒の実態に合ったお題シートを作成して実施するとよいでしょう。

　また，「私たちのお店屋さん」を英語担当の教員が活用して，情報カードゲームの情報を英語に変換し，やりとりも英語で行っている例もあります。

◉ ソーシャルスキルの般化をめざす

教員がモデルになる

　ソーシャルスキルの般化のために大切なのは，教員自身がモデルとなることです。

　例えば，ワークで体験した「よいところを伝える」という行動を教員が示すのです。ショートホームルームの際に担任が，「こういう行動をしてくれて助かった。ありがとう」と伝えることができます。この際，名前をあげずに行動だけをほめ，本人と廊下ですれ違ったときなどに，「あれはあなたのことだよ」とさりげなく伝えることが思春期対応のポイントでもあります。

　また，教員のほうから，「○○さん，おはよう」と言うことで，本ワークショップで大切にしたあいさつを，教員がモデルとなって継続することができます。

スキルを継続して使用する

　本ワークショップで大切にした「目を見て話す・聴く」などのコミュニケーションのスキルは，その後の教科学習においても意識して使用させることで，そのスキルが別の場面でも使用可能になっていきます。徐々にスキルの数を増やしていくことも重要です。

◨ 次年度に向けた成果と課題をまとめる

振り返りシートの内容をまとめる

　ワークショップ後には，生徒の振り返りシートの内容から，成果と課題をまとめましょう。質的な検討とあわせて，数値化できるのが理想です。

・生徒の反応を質的に検討する（まとめ方の例は以下の表参照）

　振り返りシートの生徒の記述を表にまとめます。来年度に向けて，今年はどのような成果や課題があったかを確認するうえでも，個別の感想を以下のようなカテゴリーで分類して整理しておきます。

カテゴリー		具体的な記述	度数	割合
人間関係の形成	クラスの人と話ができるようになった	「あまり話せない人とも，話すことができた」「積極的に話しかけることができた」「少しでもみんなと話そうとして話すことができた」	93	29.5%
	話をする人ができた	「話せる人が増えた」「前より話しかけやすくなった」「話したことがない人とも話して仲よくなりたい」		
	友人ができた	「他校出身の人とも話せるようになったし，友達ができた」「ワークの前はあまり話せる人がいなかったけれど，ワークをして，友達がたくさんできた」		
	話しやすくなったという実感がある	「最初はぎこちなかったけれど，話すことでうちとけることができた」「最初は同じ中学校出身の人と一緒にいたけれど，ほかの中学校の人とも話せるようになった」		
	クラスメートとうちとけることができた	「はじめは固くてギスギスしていた心が，うちとけ合ううちに，だんだん余裕をもつことができた」「これからもっと交流して，楽しく過ごせたらいいなと思った」		
不安感の軽減	楽しい体験をし，不安軽減が実感できた	「最初はレクリエーションをやるのは嫌だなと思ったけれど，やってよかった」「楽しかったし，話すのも前より楽になって気まずさがなくなってよかった」	65	20.6%
	活動が楽しかった	「みんなと話すゲームがほとんどだったし，楽しかった。笑い合えてよかった」「楽しく活動しながらお話もできた」「たくさん笑った」「楽しく活動することができた」「みんなと楽しくできたのでよかった」「気軽にいろんな人といろんなことができた」		
	不安がなくなった実感がある	「最初は不安なことがたくさんあったけれど，これをやって笑顔が多くなった」「ほかの中学校の人と同じクラスで不安だったけれど，活動で不安感が解消された」		

・生徒の反応を量的に検討する：数値化する（まとめ方の例は次ページの表参照）

　振り返りシートにある5件法の回答の平均を示します。平均は次年度の比較に使えます。度数分布を示すことで，どの数字に回答した生徒が多いのかを検討できます。

質　問	平均値比較	
	X年	X＋1年
ア　自分のことをどれぐらい話すことができましたか？	4.4	4.2
イ　みんなと活動してみて，友達との心の距離は近づきましたか？	4.5	4.6
ウ　学級での緊張感はやる前よりはなくなりましたか？	4.4	4.5
エ　これからの学級生活（友人関係）が楽しみになりましたか？	4.5	4.6

質　問	実施年度	平均値（標準偏差）		評定				
				5	4	3	2	1
心理的距離「活動してみて，友達との心の距離は近づきましたか？	X	4.68 (0.564)	人数	60	18	4	0	0
			％	73.1	22.1	4.8	0.0	0.0

教員対象の事後アンケートの実施

　教員用の振り返りシートを作成し，事後にアンケートをとります。このとき，「生徒の不安は軽減されたと思いますか？」「生徒同士の心理的距離は近づいたと思いますか？」「相手を大切にするとは具体的にどうすることなのかを，生徒が知ることができたと思いますか？」「生徒理解は深まりましたか？」など，目的に照らした質問を考え，評価しやすいように5件法で示し，その理由を記入してもらいましょう。加えて「今回のワークショップは実施してよかったですか？　その他の感想，来年度へ向けての要望や課題，改善点などをお書きください」という自由記述で考えを集めます。

数値化した項目一覧で効果検証

　1学期終了後に数値化できる効果をまとめましょう。課題検討の際に数値化した項目（例：夏休み前までの欠席率，欠席のべ人数，不登校数等）を，一覧にすると実施後の効果検証のかわりになります。前年度の生徒との比較ですので，単純に効果のある・なしはいえませんが，成果と課題を考える材料になります。信頼性のある心理尺度での評価が可能であれば，適切な手続きのもと調査を行い，効果検証に使います。

次年度に向けた準備

　上記の三つの結果を踏まえて，成果と課題にまとめます。これを一度，職員会議や成績会議などで報告します。実施の意図と成果を全教員で確認しておかないと，「なんでこんな子どもっぽいことをするのか」という疑問や，「やらなくていいのでは」という否定的な意見が出てしまう可能性があります。最終的には，年度末の反省会で，具体的な数値やワーク内容，成果と課題を報告します。1学年長や担任に，実施した感想を述べてもらうのもよいかもしれません。そのうえで，課題に対しては，次年度に向けた対応策を示し，協力を要請します。管理職からは，次年度に向けて「取り組みます」と言ってもらえると，仮に管理職がかわったとしても継続がしやすくなります。

　また，担当者がかわっても十分な引き継ぎができるように，プログラム，ワークシート，準備物一覧，準備物等を4月中に整理します。年度末に未整理のまま引き継ぎを行い実施の意図まで引き継がれないと，本ワークショップが形だけのものに終わってしまう可能性があるため，次年度に向けた準備は不可欠です。

引用・参考文献

■ 序　章

河村茂雄編著（2001）．グループ体験によるタイプ別！学級育成プログラム中学校編．図書文化.

熊谷信司（2011）．中学生の高校進学における友人環境継続志向──ジェンダー・人間関係・メリトクラティック指標に着目して──．本田由紀編著．神奈川県の公立中学校の生徒と保護者に関する調査報告書［2009年］．ベネッセ教育総合研究所研究所報，60，142-150.

文部科学省（2011）．高等学校キャリア教育の手引き.

品田笑子（2004）．集団の状態に合わせる構成．國分康孝・國分久子総編集．構成的グループエンカウンター事典．図書文化．304-307.

大谷哲弘・粕谷貴志（2014）．高等学校入学時における学級適応を目的としたグループアプローチプログラムの検討．カウンセリング研究，47（2），96-107.

吉原寛・藤生英行（2005）．友人関係のあり方と学校ストレッサー，ストレス反応との関係．カウンセリング研究，38（2），128-140.

■ 第1章

相川充・佐藤正二編（2006）．実践！ソーシャルスキル教育中学校──対人関係能力を育てる授業の最前線──．図書文化.

青木将幸（2013）．リラックスと集中を一瞬でつくるアイスブレイクベスト50．ほんの森出版.

江村理奈・岡安孝弘（2003）．中学校における集団社会的スキル教育の実践的研究1．教育心理学研究，51（3），339-350.

本田真大・大島由之・新井邦二郎（2009）．不適応状態にある中学生に対する学級単位の集団社会的スキル訓練の効果──ターゲット・スキルの自己評定，教師評定，仲間評定を用いた検討──．教育心理学研究，57（3），336-348.

河村茂雄（2000）．学級集団の育て方．國分康孝監修．エンカウンターで総合が変わる小学校編．図書文化．78-82.

河村茂雄（2003）．学級適応とソーシャル・スキルとの関係の検討．カウンセリング研究，36（2），121-128.

國分久子（2000）．なぜいまエンカウンターか．國分康孝ほか共著．エンカウンターとは何か．図書文化．29-32.

國分康孝（2000）．育てるカウンセリングとしての構成的グループ・エンカウンター．國分康孝編．続構成的グループ・エンカウンター．誠信書房．3-13.

野島一彦（1999）．グループ・アプローチへの招待．現代のエスプリ，385，6.

小塩真司・岡田涼・茂垣まどか・並川努・脇田貴文 (2014). 自尊感情平均値に及ぼす年齢と調査年の影響―― Rosenberg の自尊感情尺度日本語版のメタ分析――. 教育心理学研究, 62 (4), 273-282.

大対香奈子 (2011). 高校生の学校適応と社会的スキルおよびソーシャルサポートとの関連――不登校生徒との比較――. 近畿大学総合社会学部紀要, 1 (1), 23-33.

坂野公信監修, 日本学校グループワーク・トレーニング研究会 (2016). 協力すれば何かが変わる――続・学校グループワーク・トレーニング――. 図書文化.

品田笑子 (2004). 構成の工夫. 國分康孝・國分久子総編集. 構成的グループエンカウンター事典. 図書文化. 296-311.

田上不二夫編著 (2003). 対人関係ゲームによる仲間づくり. 金子書房.

Wolpe, J. (1958). *Psychotherapy by Reciprocal Inhibition*. California: Stanford University Press. (金久卓也監訳 (1977). 逆制止による心理療法. 誠信書房.)

■ 第4章

原田友毛子・田中輝美 (2006). 構成的グループ・エンカウンターの校内研修会におけるリーダーの働きかけ――実施への効力予期を高めるために――. 教育カウンセリング研究, 1 (1), 12-21.

伊藤大輔・国里愛彦・浅本有美・鈴木伸一 (2010). 高校新入生のストレッサーとコーピングがストレス反応に及ぼす影響――4カ月フォローアップによる継時的検討――. ストレス科学, 24 (4), 261-270.

河村茂雄 (2007). データが語る③家庭・地域の課題――団らん・しつけ・地域の力を徹底検証――. 図書文化.

河村茂雄 (2010). 日本の学級集団と学級経営――集団の教育力を生かす学校システムの原理と展望――. 図書文化.

國分康孝 (2000). 育てるカウンセリングとしての構成的グループ・エンカウンター. 國分康孝編. 続構成的グループ・エンカウンター. 誠信書房. 3-13.

国里愛彦・伊藤大輔・浅本有美・長原啓三・鈴木伸一 (2010). 高校新入生ストレッサー尺度の作成と信頼性・妥当性の検討. ストレス科学, 24 (4), 271-280.

大久保智生 (2005). 青年の学校への適応感とその規定要因――青年用適応感尺度の作成と学校別の検討――. 教育心理学研究, 53 (3), 307-319.

本書のデータについて

　すべて日本心理学会倫理綱領に準拠して調査を遂行しています（対象人数は調査によって変わりますが，概ね実施校100〜150人，未実施校は100人）。調査内容は下記のとおりです。

Table1「入学不安」（12ページ）――大学入学時不安尺度（藤井，1998）を参考に高校生用に改変して4項目を作成し，各項目について5件法で回答を求めた。

Table2「学校への期待感」（13ページ）――学校適応感尺度（石田，2009）の因子である「学校全体」「学習関係」「友人関係」「教師関係」から「学校全体」尺度（4項目）を使用し，各項目について5件法で回答を求めた。

Table3「振り返りシート」（15ページ）――振り返りシート（→ 142ページ）を使用し，筆者らで内容分析した。

Table5「状態不安」（37ページ）―― Hospital Anxiety and Depression Scale（Zigmond & Snaith, 1983）の因子である「抑うつ」と「不安」から「不安」尺度（7項目）を使用し，各項目について4件法で回答を求めた。

Table6「友人について知っていること」（38ページ）――友人について知っていること項目群（粕谷，2013）11項目から多肢選択方式（複数回答可）で回答を求めた。

Table7・Table8「居心地のよさの感覚」（39，45ページ）――青年用学校適応感尺度（大久保，2005）の因子である「居心地のよさの感覚」「課題・目的の存在」「被信頼感・受容感」「劣等感のなさ」から「居心地のよさの感覚」尺度（11項目）を使用し，各項目について4件法で回答を求めた。

Table5・Table6・Table7「友人にかかわる不安」（37，38，39ページ）――対象別評価懸念尺度（臼倉・濱口，2015）の因子である「友人に対する評価懸念」「親に対する評価懸念」「教師に対する評価懸念」のうち「友人に対する評価懸念」尺度から負荷量の高い4項目を使用し，各項目について5件法で回答を求めた。

〔引用文献〕

藤井義久（1998）．大学生活不安尺度の作成および信頼性・妥当性の検討．心理学研究，68（6），441-448.

石田靖彦（2009）．学校適応感尺度の作成と信頼性，妥当性の検討――生徒評定と教師評定を用いた他特性－他方法相関行列からの検討――．愛知教育大学教育実践総合センター紀要，(12)，287-292.

粕谷貴志（2013）．中学生の友人関係と学校適応との関連．奈良教育大学紀要，62（1），179-185.

大久保智生（2005）．青年の学校への適応感とその規定要因――青年用適応感尺度の作成と学校別の検討――．教育心理学研究，53（3），307-319.

臼倉瞳・濱口佳和（2015）．小学校高学年および中学生における対象別評価懸念と適応との関連．教育心理学研究，63（2），85-101.

Zigmond,A.S.&Snaith,R.P.（1983）. *The Hospital Anxiety and Depression Scale*. Acta Psychiatrica Scandinavia, 67（6），361-370.（北村俊則訳（1993）．Hospital Anxiety and Depression Scale（HAD 尺度），季刊精神科診断学，4，371-372.）

あとがき

　この本を手にとっていただき，ありがとうございます。

　いまから20年ほど前のことです。当時は，児童生徒の数が減少に転じていたにもかかわらず，不登校や退学の数は相変わらず高い水準にあり，教育現場は深刻な状況にありました。このようななか，本書の共著者である大谷先生が勤務する高等学校では，不登校や退学などの問題を減らすために，新入生を対象としたワークショップを実践しており，私はそのお手伝いをさせてもらいました。これが，私と「かかわりづくりワークショップ」との出合いでした。

　ちょうどそのころ，私は大学の学生相談室のカウンセラーとして，大学生の適応の問題にかかわっていました。そのとき私が目の当たりにしたのが，高等学校では成績優秀で生徒会の役員として活躍してきたような学生たちが，「大学で人間関係をつくることができない」と悩み，大学に通えなくなっている姿でした。

　学生たちは，口々にこう言っていました。「私は，授業でグループ課題を一緒にするなど，与えられた枠組みがあれば，だれとでもかかわることができます。でも，枠組みのない日常の中で人とかかわることは，とてもむずかしいのです」と。

　私は学生たちの悩みに耳を傾けながら，小学校，中学校，高等学校における集団経験の大切さをあらためて感じました。こうした学生たちは，一定レベルの入学試験を経て大学に入学していますから，高等学校までは優秀な生徒で「認識の発達」としては順調だったのかもしれません。けれども，人とのかかわりの中で自分らしく生きるといった「関係性の発達」の機会には恵まれていなかったのです。そして，そのことが，これまでの学業での成功を台無しにしかねない危機的な状況を招いていたのです。

　学校における集団は，児童生徒の「関係性の発達」の機会を保障する可能性をもっています。特に，地域社会の中に集団経験の場が失われてきている現状では，学校における集団での経験がもつ意義は，ますます大きくなっているといえるでしょう。ですから，「かかわりづくりワークショップ」のような取り組みが，小・中・高校問わずすべての学校で実践されることによって，一人一人の児童生徒の個性に合わせて，無理なく良好な集団経験が保障されることを願わずにはいられません。

　振り返りますと，「かかわりづくりワークショップ」が始まったころは，まだまだ手探りの部分も多かったように思います。しかし，いま思えば，不登校や中途退学の問題をどうしたらなくすことができるのか，生徒の実態に応じて学校でどのような取り組みができるのか，ということを，「その場にいる実践者の感覚」で考えることから始まったことが，とても大切だったのです。生徒の実態に応じて課題意識と必要感が生まれ，それをベースに実践が創り出されたからこそ，成果につながったのだと思います。

　ですから，本書では，単純に「こうすればよい」といった方法ではなく，それぞれの学

校の生徒の実態に応じて，「かかわりづくりワークショップ」をどう展開し，どう工夫していくのかという視点と具体例を紹介しています。各学校で，先生方が感じておられる生徒の課題と必要感をもとに，「かかわりづくりワークショップ」を計画していただく際のヒントにしていただければ幸いです。

　また，「かかわりづくりワークショップ」の必要性に気づいておられる先生が校内にいても，教職員の共通認識をつくることができず，実施がむずかしい場合があります。そこで本書では，校内体制のつくり方から校内研修の内容まで，「実際にうまくいっている方法」を紹介しました。各学校の実態に応じて「かかわりづくりワークショップ」を計画する際の参考にしていただき，実現に向けた一歩を踏み出していただければと思います。

　本書にかかわりながら，これまでに多くの人たちとのご縁に支えられてきたことを感じています。構成的グループエンカウンターを提唱された故國分康孝先生には，学校だからこそ大切にすべき集団のもつ可能性について気づかせていただきました。また，学級集団の理解と育成について多くのご指導をいただいた河村茂雄先生（早稲田大学教授）には，学生対象のエンカウンター合宿で，プログラム展開の実際を間近で見せていただきました。『授業スキル　中学校編——学級集団に応じる授業の構成と展開』（河村茂雄・粕谷貴志編集，図書文化刊，2004）の編集に参加させていただいたことは，集団の実態に応じた教師の指導行動について考える契機となりました。これらの経験があったからこそ，「かかわりづくりワークショップ」を見通す視点をもつことができたのだと思います。

　最後になりましたが，本書の企画段階から編集までのすべてにわたり，ねばり強く伴走してくださった図書文化社出版部の佐藤達朗さんには，ほんとうに感謝しかありません。佐藤さんのご尽力がなければ，この本が世に出ることはなかったと思います。また，フリー編集者の辻由紀子さんには，的確なコメントによって私たちの考えを明確にしていただいただけではなく，これまで気づいていなかった視点について考えるきっかけも与えていただきました。ほんとうにありがとうございました。

　近年の異常気象や地震，台風等の災害，感染症の世界的な流行などを通じて，人は自然の厳しさと隣り合わせで生きていることを実感させられます。これまでも私たちは，自然に圧倒されたとき，人間同士でお互いに助け合い，その関係性に癒やされながら回復してきたのでしょう。だからこそ，これからの時代を生きる児童生徒に，一人一人の個性に応じた関係性の発達の機会が保障されることを祈っています。本書が少しでもそのお役に立つことになれば幸いです。

　　2020年3月吉日

粕谷貴志

著　者

大谷　哲弘　おおたに・てつひろ　　　pp.2-3，6-7，10-30，52-55，64-88，90-143，150-159，162-165

立命館大学産業社会学部教授。公立高等学校教諭，公立総合教育センター教育支援相談担当研修指導主事，岩手大学大学院教育学研究科特命教授を経て現職。公認心理師，臨床心理士，ガイダンスカウンセラー，上級教育カウンセラー。公立学校においてスクールカウンセラーとして勤務。

粕谷　貴志　かすや・たかし　　　pp.10-11，32-51，160-161，170-171

奈良教育大学教職開発講座教授。公立中学校教諭，専修大学北上福祉教育専門学校専任講師，都留文科大学地域交流研究センター特別非常勤講師を経て現職。ガイダンスカウンセラー，上級教育カウンセラー。主著：『授業スキル 中学校』『公立学校の挑戦 小学校』『同 中学校』（共編著，図書文化）ほか。

寄　稿

小関　俊祐　こせき・しゅんすけ　　　コラム（pp.56-58）

桜美林大学心理・教育学系准教授。愛知教育大学教育学部助教，同講師を経て現職。博士（学校教育学），公認心理師，臨床心理士，専門行動療法士，指導健康心理士。日本ストレスマネジメント学会常任理事，一般社団法人公認心理師の会理事，同教育・特別支援部会長等を務める。

山本　獎　やまもと・すすむ　　　コラム（pp.59-61），ワーク展開上の困りごと Q&A（pp.144-147）

岩手大学大学院教育学研究科教授。公立高等学校教諭，教頭，公立総合教育センター指導主事兼所員，岩手大学教育学部准教授を経て現職。博士（心理学），公認心理師，臨床心理士，学校心理士スーパーバイザー。岩手県教育委員会「いわて子どものこころのサポートチーム」代表。

ワークショップ事例実践＆執筆（pp.23-29，69-76）　※50音順

赤﨑　俊枝　公立高等学校教諭
阿部　彩子　公立高等学校教諭
遠藤　明子　公立高等学校養護教諭
渋田智恵子　公立高等学校教諭
立野　　浩　公立高等学校教諭
立野　愛美　公立高等学校教諭
横坂さくら　公立高等学校教諭

（所属及び職名は 2020 年 3 月現在）

かかわりづくりワークショップ

2020年6月30日　初版第1刷発行　［検印省略］

著　　者	**大谷哲弘・粕谷貴志**	
発 行 人	**福富　泉**	
発 行 所	**株式会社　図書文化社**	
	〒112-0012　東京都文京区大塚1-4-15	
	Tel：03-3943-2511　Fax：03-3943-2519	
	http://www.toshobunka.co.jp/	
編集協力	辻　由紀子	
イラスト・装幀	株式会社　オセロ	
DTP・印刷・製本	株式会社 Sun Fuerza	

© OHTANI Tetsuhiro, KASUYA Takashi　2020　Printed in Japan
ISBN 978-4-8100-9721-4　C3037

構成的グループエンカウンターの本

学校グループワーク・トレーニングの本　全4巻

改訂
学校グループワーク・トレーニング

坂野公信監修
日本学校グループワーク・トレーニング研究会著

本体 2,800 円＋税

GWTについての解説を含む基本の一冊。
今もよく使われている「人間コピー」などを収録。

─── おもな収録財 ───

情報を組み立てることを素材としたGWT財（ぼくらは探偵団／編集会議／わたしたちのお店やさん／先生ばかりが住んでいるマンション／ぼくらの先生），力を合わせるGWT財（絵まわしドン！／パズルしましょう／図形をつくろう／人間コピー／ぼくらの編集室），聴き方を学ぶGWT財（ぼくらは建築家／ぼくらはジョーズ），コンセンサスの良さを学ぶGWT財（火事だよ！／クラスにとって大切な人は，どんな人？／ぼくらのリーダー），友人から見た自分を知るGWT財（あなたはステキ／他己紹介ビンゴ／みんなでつくる連絡票）

協力すれば何かが変わる
続・学校グループワーク・トレーニング

坂野公信監修
日本学校グループワーク・トレーニング研究会著

本体 3,200 円＋税

「スイスイさかな」など小学校低学年向けの財を増。
大人にも好評「なぞの宝島」「続・なぞの宝島」を収録。

情報を組み立てるGWT財（色えんぴつを忘れちゃった／なぞの宝島／続・なぞの宝島／なぞのマラソンランナー），力をあわせるGWT財（スイスイさかな／人間カラーコピー／お誕生日おめでとう／みんな，あつまれ！／カサケン・フィギュアーズ／飛ばせ！紙飛行機），聴き方を学ぶGWT財（何ができるの？），コンセンサスのよさを学ぶGWT財（ケーキをかざろう！／ユッタンランド探検記），友だちから見た自分を知るGWT財（あなたにプレゼント／いいとこみ〜つけた／私はこうなりたい），先生や保護者向けのGWT財（子どもたちへの願い／私の教育方針／もし，子どもが）

学校グループワーク・トレーニング3
友だちっていいな 自分っていいな

日本学校グループワーク・トレーニング研究会著

本体 2,800 円＋税

フィールドを利用したGWT財を新設。学級経営にどう生かしていくか，活用についての解説を充実。

力を合わせる GWT財（かたちをつくろう／葉っぱや木の実が大へんしん！／もじもじゲーム／えっ？絵っ？ええ〜!?／新聞コラージュ・コピー），情報を組み立てるGWT財（ムシムシ教室の席がえ／ももちゃんのおつかい／宝島を脱出せよ！／先生ばかりが住んでいるマンションⅡ），コンセンサスのよさを学ぶGWT財（詩を読もう／ぼくらのクラス／宝島を脱出せよ！2），友達から見た自分を知るGWT財（しあわせ宅配便／あなたにプレゼント2／わたしだけが知っている，あの名場面！名ゼリフ！），フィールドを利用したGWT財（キョロキョロたんけん／野外炊事GWT／フォトラリー子ども自然公園編／満点ポイントラリー）

学校グループワーク・トレーニング4
もっと知りたいな, あなたのこと, わたしのこと

日本学校グループワーク・トレーニング研究会著

本体 2,800 円＋税

かかわりをもてない，他者への関心が薄い子どもたちに「互いを知り合うGWT財」を新設。実践報告多数。

互いを知り合うGWT財（わたしのすきなもの／今，思うこと／きいてびっくり／へえ〜なるほど／はじめましてインタビュー），力を合わせるGWT財（はたをつくろう／なにがみえる？／ガオーおもしろかいじゅうをつくろう／何が出るかな？コロコロボックス‼／あててみまっシー），情報を組み立てるGWT財（ももちゃんのおつかい2／迷路城の探険／間に合うか？子どもオリンピック‼），聴き方を学ぶGWT財（マルトセン），コンセンサスのよさを学ぶGWT財（ごちそうさまのそのあとに／ゆうえんちであそぼう／いわれてうれしい言葉／みんなのための時間割），友だちから見た自分を知るGWT財（ありがとうをつたえよう／プレゼントシート），フィールドGWT財（公園のひみつをさぐれ）

📌 学校グループワーク・トレーニングとは?

学校グループワーク・トレーニング（以下，学校GWT）では，次の3つの気づきによって子どもたちが豊かな人間関係を築き，生き生きとした生活を送れるようになることを目指しています。

① 協力する（異質の協力）よさに気づく
② 他者のよさに気づく
③ 自分のよさに気づく

1987年に研究会発足して以来，たくさんの学校等で学級活動や行事などの特別活動，キャリア教育などさまざまな場面で取り組まれてきました。

📌 学校 GWT の進め方

学校GWTでは，45〜50分の中で次の3つのことを行います。

① ある課題（財）にグループで取り組み，解決する。
② 課題を解決しているときに自分や友達がしていたこと，そのときにどういうことを感じたり考えたりしていたかをふりかえる。
③ ふりかえりで気づいたことをねらいに関連づけてまとめ，日常生活に
生かせるように気づきを一般化する。

日常生活で気づきを生かせた場面を取り上げて認めたり，学校GWTをくりかえし行ったりすることで，子どもたち自身が行動変容をしようとする機会を増やしていきます。

図書文化